現代とカウンセリング
家庭と学校の臨床心理学

鳥山平三 著

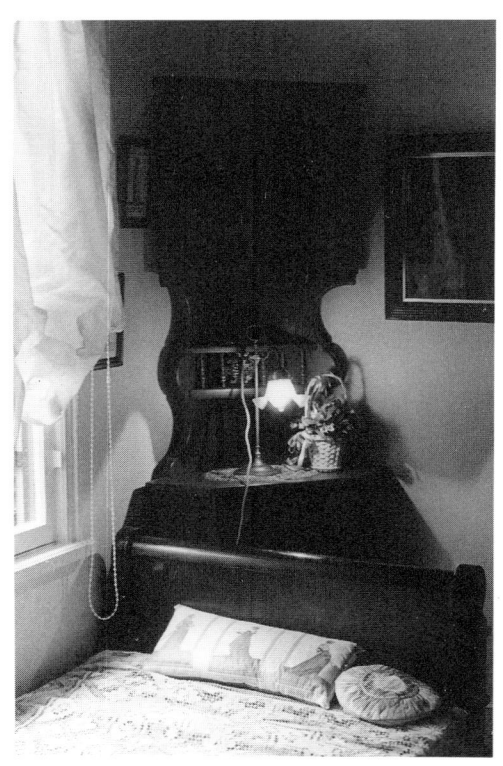

ナカニシヤ出版

まえがき

　新しい世紀の到来が目前となりました。20世紀はまことに歴史に残る激動の世紀でした。その前半は，人々は哲学や思想に翻弄され，科学や技術に支配されたといっても過言ではないでしょう。古来からの哲学や宗教の理論を凌駕しようと，知力をしぼって難解な認識論や存在論が跋扈しました。しかし，もはやその議論はかび臭い古い図書館の書庫の中で，気むずかしかった哲学居士たちにより秘かに演じられているだけでしょう。この世紀末は，哲学不在と思想不毛のコアレス（coreless）時代です。また，今世紀の世界は，洋の東西を問わず戦争と革命に覆われた悲劇の舞台でした。二度の世界大戦を経験し，プロレタリア革命の成就と崩壊，宗教を異にする民族間の対立や激しく執拗な紛争の繰り返し，同一民族の東西や南北の分断と確執，そして，大量殺戮兵器の考案と使用により人命が軽んじられる無慈悲な世紀でした。人類の生存に恩恵を与え，文明を向上させるべき科学の知や技術の進歩はめざましいものでした。自動車，電車，ジェット機，ロケット，宇宙船などの発明，ラジオ，テレビ，電話などの電波の利用，そして，核爆弾や原子力発電，最後にコンピュータの創造がありました。人知の生み出した作品で，これほどの規模と斬新さを示すものは過去に類をみないでしょう。まさに神業であり，神業以上かもしれません。驚異の世紀でした。

　しかし，これらのすばらしい人間の思考力の数々の成果にもかかわらず，決してこの地球上の実情は平和と安寧に満ちているとはいえません。世界のあちらこちらで相変わらず小さな戦争や爆弾テロ，航空機事故や列車同士の衝突，原子力発電所の爆発や研究所からの放射能もれ，自動車事故の多発や排気ガスによる大気汚染，などなど枚挙にいとまがないほどの出来事が毎日のように起こり，その犠牲者になり生命を失う人や後遺症に苦しむ人がおびただしくいます。つまり，人知の最高傑作物が大規模破壊と大量殺人致傷の元凶となっているのです。何と皮肉な英知の誤算でしょうか。

また，それに輪をかけて自然の猛威が，人間の技術の粋をこらした構築物を脆くも破壊し尽くしてゆく事実を最近目の当たりにしました。近いところでは，ロサンゼルスや阪神・淡路大震災，そして，1999年に相次いだトルコ，ギリシャ，台湾の大地震は，巨大建築物の倒壊により悲劇をさらに大きいものにしました。地震・雷・暴風雨・火山噴火には，まだまだ人間は無力であることを，20世紀が幕を引こうという今日，しかと肝に命じておかなければならないことを知らされました。

　われわれの住む都会や町も安全ではないことを心得ておかなければなりません。ここ日本においては，先に述べた戦争や民族紛争はともかく，地震や大雨の被害は甚大であり，交通事故や火災による被害者は決して少なくありません。迷える子羊を救うべき宗教教団が，偽りの衣を脱いで凶暴な狼であることを，悪魔であることを露わにする事件もありました。麻薬や覚醒剤といった薬物に染まる有名芸能人やスポーツ選手も世間を騒がせ，若者の夢を踏みにじりました。そして，今ひとつ憂慮すべきは犯罪の大がかりであることと陰湿であるということです。先のオウム真理教の無差別殺人や統一協会による霊感商法，大手金融機関の破債や隠蔽工作，そして，悪徳商法に詐欺事件といった不正が後を絶ちません。多くの人たちが終末予言に不安をかき立てられ冷静さを失い，安全と救済を買おうとしてむしろ苦衷に陥った経緯が読みとれます。まさに，時代は劣化しており，社会のしくみが金属疲労を起こしている証拠かもしれません。大人社会に奥行きと弾力性がなくなりました。

　そして，最近の忌まわしい犯罪ですが，幼い無防備な子どもたちを狙う凶悪で猟奇的な殺人や誘拐事件には震撼とさせられます。その犯人が，被害者とそれほど年齢の違わない青少年とあっては，その温床が身近な地域共同体にあるのではないかと考えさせられます。今の社会は人のひとりひとりをいとおしんではくれないのではないでしょうか。また，個人は個人でこの社会をうとましく思っているのではないでしょうか。そこから通り魔事件や無差別殺人が起こりやすいのではないかと思います。およそ住んでいる地域の範囲であれば，住人の顔をお互いに知っている，という親密性はなくなりました。今や匿名性と相互不干渉で，隣でさえ何をする人かわからない社会が当たり前となりました。そして，生存競争で敵意と攻撃性を内に秘め，弱肉強食のいじめと行きずりの

強盗といった卑怯な行為が，冷ややかな無機的社会に乗じて犯されているのです。

　子どもたちは家庭と学校で育ちます。その家庭と学校で人間を知り，社会を知るのです。その家庭と学校が今 SOS を発しているのです。上に大人社会の懐が狭くなっていると述べました。つまり，親と学校の教師もその一員ですが，彼らを包み込む社会の度量が狭く窮屈になっているのです。犯罪やもめごとは，社会内での対人摩擦の排出ガスでしょう。そのガスを吸わされた子どもや青年はしかたなくそれに酔わされ大人と同じことをまねするのではないでしょうか。限られた紙面ですが，社会心理臨床家として，親や教師の皆様を支援しなければと思いまとめたものがこの書です。

目　　　次

まえがき　*i*

第I部　養育と療育カウンセリング …………………………1

第1章　現代の子どもの心と発達 …………………………3
1．乳児期の課題　*3*
2．幼児期の発達課題　*4*
3．第一反抗期の母子関係　*7*

第2章　子育て支援と育児カウンセリング …………………………11
1．親となることの難しさ　*11*
2．育児は暗号解読　*12*
3．子育て支援　*13*
4．育児カウンセリング　*15*
5．アルカリ性の育児　*16*
6．食べもので育む親心　*17*

第3章　子どもの発達を願って，親たちに贈るエール …………………………23
1．花のこころぞ　花のみぞ知る　*23*
2．如是我聞（このように私は聞いた）　*25*
3．育児の方程式　*29*
4．冬来たりなば　春遠からじ　吹く風寒し　*31*
5．雪ん子，泥ん子，ひなたぼっ子　*34*
6．ほうや，一つ一つしてかんなんがや　*38*
7．子ごころにピント合わせる育児とは　*40*

第4章　発達障害児のための臨床心理学 …………………………45
1．自傷・攻撃行動の解消指導について　*45*
2．障害児とその家族　*54*
3．自閉性障害児の思春期・青年期　*70*
4．発達障害児の心理療法　*85*
5．ダウン症候群と出生前診断　*99*
6．注意欠陥多動性障害（ADHD）と学習障害（LD）　*114*
7．現代の家族と家族療法　*124*

第Ⅱ部　教育と学校カウンセリング …………………………*141*

第5章　現代の学校と子ども …………………………*143*
1．小　学　生　*143*
2．中学生・高校生　*145*
3．学校，今とこれから　*148*

第6章　学校臨床心理学―スクール・カウンセリング …………………*151*
1．不　登　校　*151*
2．い　じ　め　*163*
3．非　　行　*165*

あとがき　*171*
索　引　*175*

第 I 部
養育と療育カウンセリング

第1章　現代の子どもの心と発達

1. 乳児期の課題

　子どもは，無限の可能性をもった心身の発達途上の存在です。どの子も生まれる時に与えられた脳の中の約140億個の神経細胞をいかに活用するかにかかっています。

　人間であるための二足歩行・言語の使用・感情表現といった重要な機能もすべて脳の発達により獲得されます。生まれてから周囲のはたらきかけにより少しずつ学習（learning）してゆくのです。しかし，放っておいたのでは発達しません。

　不幸にも，先天性疾患や出産周生期障害（異常出産・仮死・未熟児・血液型不適合による重症黄疸などの周産期障害），さらに新生児期・乳児期の高熱疾患や事故により，脳に好ましくない影響が及ぶと，発達が遅れたり，停滞したりします。

　通常は，生後約1年で歩くようになり，かたことをしゃべり，周囲の人に表情で訴えたり，泣き笑いでもって交信できるようになります。つまり，人間の子は「約1年の生理的早産児」（Portmann, A.）といわれるゆえんです。生まれて後の早期の人間的環境と初期経験の豊かさが大切なのです。その機会を奪われたいわゆる孤立児（isolated child）や野生児（feral child, wild child）は，四足歩行であったり，言語がなかったり，涙を流して泣くとか笑うとかができなかったそうです。

　とりわけ，乳幼児期の濃密な楽しい母子の触れ合いにより，エリクソン（Erikson, E. H., 1956）のいう「基本的信頼感」（basic trust）というものが形成され，以後の広い人間関係が安定してもてるようになるのです。子どもが人生の最初の時期に，自分が愛されており，周囲の人たちにとって意味のある存在であると感じることは，その後の成長過程で自己を肯定し，さらには他者

をも肯定し，信頼することにつながるものです。それゆえ，幼い子どもにとって，母親はまさに愛をつなぐ波止場の船止めのような，いわば「心の停泊点」（anchoring point）であると園原太郎（1980）は言っています。

たとえば，生後6〜8ヶ月前後にみられる「人見知り」も母親以外の人に示します。見知らぬ人が近づき，話しかけたり，相手をしようとしたりすると，じっと相手の顔を見つめたり，泣き出したり，母親にしがみつくようになります。「人見知り」は，母親など特定の人物との間に愛着が形成されてきた時期に起こり，見慣れた人と見知らぬ人を弁別する能力が育ってきたことを意味しています。ボウルビー（Bowlby, J., 1969）は，この乳児が母親との間に形成する絆に結びつく行為を「愛着行動」（attachment behavior）と呼んでいます。安全基地（secure base）である母親を通じて，乳児は外の世界のさまざまな人々を知るようになるのです。

言葉の獲得も「母語」（mother tongue），あるいは，母国語という言い方もあるように，母親からの働きかけが絶大のようです。よくあやされ，言葉かけをしてもらった赤ちゃんの言語発達はスムーズです。たとえば，次のような言語獲得についての追跡研究があります（Lenneberg, E. H., 1967）。

- 8ヶ月〜1歳6ヶ月に初語（マンマ，ブーブー，ワンワン，など）：1語文発話。
- 1歳6ヶ月〜2歳：約50語ぐらいになると2語文（2語発話，「オンモ，イク」など）。
- 2歳〜3歳：会話ができるようになる。質問行動が増える質問期。
- 3歳頃：約1000語ないしそれ以上になる。ごっこ遊びやお話を聞いて増える。
- 3歳頃〜6歳：約2500語に達する。

2. 幼児期の発達課題

幼児期は，3歳という長い人生の上でも非常に重要な年齢を中心に，自己の内外が飛躍的に拡大してゆく時期です。まず，家庭内での課題は，食事と排泄行動の自立，衣服の着脱と必要に応じての帽子や靴の着用，さらに，手洗いや

入浴などの衛生のための行動などといった基本的生活習慣の形成にあります。そして，歩く，走る，跳ぶ，ぶら下がる，でんぐり返る，登る，転がる，といった移動と遊びのための運動機能が著しく伸びてゆくのです。

　この運動機能の発達に伴って，幼児は自分でできることが増えるにつれ，それまでもっぱら受け身であった立場から徐々に能動的となり，いろいろと自分でやりたがるようになります。親の介入をいやがり，下手くそで失敗ばかりしながらも，邪魔をされたり直されたりすると癇癪を起こしたり駄々をこねたりします。これが「第一反抗期」といわれるものであり，「自我の芽生え」により自己を主張するようになるのです。これが自立への第一歩であり，社会化への先駆けなのです。この反抗期に手強かった子どもほど，その後の自我形成がしっかりしたものになるといわれています。世に「三つ子の魂百まで」とか「雀百まで踊り忘れず」といった格言はこのことをいっているのです。

　ちなみに，少し古い文献ですが，ハヴィガースト（Havighurst, R. J., 1953）は，表1-1のように，それぞれの発達段階ごとに6～10項目の具体的な課題を挙げています。人がそれぞれの発達段階（developmental stages）において達成していかなければならない課題のことを発達課題（developmental tasks）といいますが，このような課題を習得することによって，その人が生活している社会における正常ないしは健全な発達を遂げることが可能となります。そして，特定の発達段階における課題の成就は，個人的ならびに社会的適応を保証するものであると同時に，次の段階での発達課題の達成の基礎ともなるのです。ハヴィガーストは，このような発達課題が生まれてくる源泉として，身体的成熟，社会的要請や圧力，個人的価値や要求といった3つの要素を指摘しています。

　このような発達課題は，各発達段階において，その個人が社会化（socialization）によって習得しなければならない行動変化を詳細にかつ具体的に示したものであると考えることができます。したがって，社会化による精神発達を理解する上で，発達課題は重要な役割をもっているといえるでしょう。

表 1-1　各発達段階における発達課題　　　　　　　（ハヴィガースト，1953）

〈幼　児　期〉
(1) 歩行の学習
(2) 固形の食物をとることの学習
(3) 話すことの学習
(4) 排泄の仕方を学ぶこと
(5) 性の相違をしり，性に対する慎みを学ぶこと
(6) 生理的安定を得ること
(7) 社会や事物についての単純な概念を形成すること
(8) 両親や兄弟姉妹や他人と情緒的に結びつくこと
(9) 善悪を区別することの学習と良心を発達させること

〈児　童　期〉
(1) 普通の遊戯に必要な身体的技能の学習
(2) 成長する生活体としての自己に対する健全な態度を養うこと
(3) 友だちと仲よくすること
(4) 男子として，また女子としての社会的役割を学ぶこと
(5) 読み，書き，計算の基礎的能力を発達させること
(6) 日常生活に必要な概念を発達させること
(7) 良心，道徳性，価値判断の尺度を発達させること
(8) 人格の独立性を達成すること
(9) 社会の諸機関や諸集団に対する社会的態度を発達させること

〈青　年　期〉
同輩グループ
(1) 同年齢の男女との洗練された新しい交際を学ぶこと
(2) 男性として，また女性としての社会的役割を学ぶこと
独立性の発達
(3) 自分の身体の構造を理解し，身体を有効に使うこと
(4) 両親や他の大人から情緒的に独立すること
(5) 経済的な独立について自信をもつこと
(6) 職業を選択し，準備すること
(7) 結婚と家庭生活の準備をすること
(8) 市民として必要な知識と態度を発達させること
人生観の発達
(9) 社会的に責任のある行動を求め，そしてそれをなしとげること
(10) 行動の指針としての価値や倫理の体系を学ぶこと

〈壮　年　初　期（18歳から30歳まで）〉
(1) 配遇者を選ぶこと
(2) 配遇者との生活を学ぶこと
(3) 第一子を家族に加えること
(4) 子どもを育てること
(5) 家庭を管理すること
(6) 職業に就くこと
(7) 市民的責任を負うこと
(8) 適した社会集団を見つけること

〈中　年　期（約30歳から55歳まで）〉
(1) 大人としての市民的・社会的責任を達成すること
(2) 一定の経済的生活水準を築き，それを維持すること
(3) 十代の子どもたちが信頼できる幸福な大人になれるよう助けること
(4) 大人の余暇活動を充実すること
(5) 自分と配遇者とが人間として結びつくこと
(6) 中年期の生理的変化を受け入れ，それに適応すること
(7) 年老いた両親に適応すること

〈老　年　期〉
(1) 肉体的な力と健康の衰退に適応すること
(2) 隠退と収入の減少に適応すること
(3) 配遇者の死に適応すること
(4) 自分の年ごろの人々と明るい親密な関係を結ぶこと
(5) 社会的・市民的義務を引き受けること
(6) 肉体的な生活を満足におくれるように準備すること

3. 第一反抗期の母子関係

　それまで親の言うことを素直に聞いていた子どもが，何の前触れもなく「いやだ」と言って抵抗しはじめます。特に母親であれば誰でも，どうすればいいのかわからなくなってしまいます。これが，第一反抗期の代表的な出現のしかたです（鳥山，1997）。

　生まれて2，3年しか経っていない子どもは，母親にとってはまだまだ赤ん坊のままでいるような気がして「この子は私がいなければ何もできない」と，何かにつけて手を貸そうとします。そこで，そんな子どもに「自分でする」と急に言い返されたら，母親は戸惑ってしまい，今まで自分の懐でしっかりとつかまっていた子どもが，自分から離れていくような寂しい気分にもなるようです。しばらくの間とはいえ，「母親を拒否する」子どもの態度や行動を見て，深読みする母親も多いものです。子どものすることに，そんな深い意味があるわけではないのに，大げさにとらえてしまい，「このままではどうなるのだろう」と不安に駆られ，今のうちにしっかりとこちらの言うことを聞かせておこうとします。

　しかし，この時期の子どもはそう簡単には親の言うことを聞いてはくれません。それどころか駄々をこねたり，大声で泣いたり，癇癪を起こしたりして，何とか親をこちらの要求に従わせようとします。それが，母親にとってはイライラの原因となり，強く叱ったり叩いたりして体罰という結果につながるようです。そして，子どもを叱りつけてから「本当は，優しいお母さんでいたいのに，叩いてしまった」と後悔するのですが，子どもがまた反抗すると，母親はまた同じことを繰り返してしまいます。

　最近，幼児虐待の電話相談でも，このようなケースがたいへん増えています。子どものことを思ってしていることが，結局自分の負い目となって返ってきて，ひどく落ち込んでしまい，子育ての暗礁に乗り上げてしまう母親が多いものです。

　このように第一反抗期は，母親にとってはたいへん頭を抱える厄介な時期なのですが，一方の子どもにしてみれば，人生のうちで最も心の発達をとげる大

切な時期なのです。

　「ぼくはいつまでもお母さんの言うままになっていないよ」「もうわたしも1人でいろんなことができるんだよ」と，自分をアピールすることで，子どもは1人の人間として認めてほしくなるのです。たとえば，食事をするときに自分でフォークやお箸を持って食べるとか，コップを自分で持って飲むという行動が出てくるように，今まで親にしてもらっていた身辺の行動を，「ぼくがやる」と言い出すのです。とにかく，人に「……される」「……させられる」ことに抵抗を示して，自分のペースで物事をやりたがるのです。これは，子どもの心に「自分でできる」という自信めいたものが出てきて，親子の関係を自分でコントロールしたいという欲求が表われている証拠といえます。今まで，親にすべてのことを任せていた受け身の存在から，「自分で」という能動的な存在に切り替わって，何でも自分のスタイルで挑戦したくなるのでしょう。つまり，第一反抗期というのは，心の発達につれて，自立心が高まり，自我が芽生えてくる時期と考えればよいのです。

　子どもによっては，この時期にさしたる反抗もせず通り過ぎてゆくこともあります。そのような子どもは，概ねおとなしくて，聞き分けがよくて，親としてみれば比較的育てやすかった，ということになります。しかし，発達課題を先送りしただけで，自己を主張できないまま，幼稚園・保育園，小学校，中学校といったその後の教育機関に通うどこかで集団生活になじめずに，そこから引っ込んでしまうか，遅れての反抗がみられることも多くなっています。つまり，いわゆる「よい子」として育つことを期待されてそのように育った子どもや，親その他の養育者の過保護・過干渉・過支配の枠に入れられて大事に育てられた子どもたちの，困難への抵抗力である心の免疫のなさや衝動の処理能力の低さが，今日，問題になっています。

〈参考文献〉

Bowlby, J.　1969　*Attachment and Loss*, Vol. 1, The Hogarth Press.（黒田実郎ほか訳　1980　母子関係の理論　①愛着行動　岩崎学術出版）

Erikson, E. H.　1956　*Ego Identity and the Life Cycle*. Psychological Issues. International Press.（小此木啓吾訳編　1973　自我同一性　誠信書房）

Havighurst, R. J.　1953　*Human Development and Education*. Longmans, Green

司雅子ほか訳 1958 人間の発達課題と教育―幼年期から老年期まで

, E. H. 1967 *Biological Foundations of Language.* Wiley.（佐藤方神尾昭雄訳 1974 言語の生物学的基礎 大修館書店）

原太郎（編著） 1980 認知の発達 培風館

鳥山平三 1993 育てあい：発達共生論―育児と療育の社会臨床心理学 ナカニシヤ出版

鳥山平三 1997 反抗は自立への第一歩です さんさい 第47巻 第5号 天理教少年会, 2-7.

第2章　子育て支援と育児カウンセリング

1. 親になることの難しさ

　今日，多くの家庭は十分な養育能力を備えていないといえるのではないでしょうか。男女とも生殖可能な年齢となって子どもをもうけたとしても，親としての感性や感度が鈍く，親性未熟で親機能を発揮する能力が乏しくて育児にゆとりがないのです。もちろん，人間誰でも親として生まれているわけではありませんので，最初から子育てがうまくゆくとは限りません。親になりたての時は育児下手でもしようがないのですが，そこから親になる練習が肝心なのです。誰でもまずは試行錯誤の親業苦行が当然なのです。

　ところが，安易な子どもづくりと気軽な育児幻想のままに親となってあわてるカップルが増えているのです。こんなはずではなかったと，手がかかり，思うようにゆかない子育てに奮闘しなければならない辛さに，悲鳴をあげざるをえなくなるのです。すがる思いで買い揃えた育児書に載っている赤ちゃんの扱い方や発育のめやすの数値に従おうとしても，我が子はなかなかそのようにならないし，母乳にしろ混合乳にしろ飲んでくれる量がはかばかしくなくて，このままでは死んでしまうと本気で恐くなる親もあるようです。実際笑えない話ですが，赤ちゃんのおしっこの色が白か薄黄色で，テレビの育児用品の宣伝のようなブルーではないと，小児科医に深刻な相談を寄せた親もあるそうです。今までに赤ちゃんというものに接したことがなく，身近なところで赤ちゃんを見たこともないままに親となった不用意さは責められますが，しかし，これが現代の「新米」親の相場であり，まろびつ転びつの，いっぱしの親となるまでの助走の苦しさなのです。

2. 育児は暗号解読

　さて、赤ちゃんを抱いて病院や産院から我が家にもどって、いよいよ母たり父たりとしての育児がスタートします。最近、どこかの役所の宣伝コピーに「育児をしない男を、父とは呼ばない！」といったような押しつけがましい文句がありましたが、もとより母親と父親の育児連携が、今日ほど枢要なことはないでしょう。上にも述べたように、赤ちゃんを放っておいたのでは生存も危うくなったり、発育も遅れたりします。赤ちゃんが機嫌のいい時とか、お乳をよく飲んで、スヤスヤと寝入っている時は、本当に可愛いものです。しかし、そういう時ばかりではありません。泣いてばかりいる赤ちゃんもいるし、やっと飲ませた乳を散水のホースから吹き出る水のように吐き出してしまったり、なかなか寝付いてくれない時もあり、慣れない親の方が泣きたくなったり、寝不足でグロッギーになったりすることがよくあります。とにかくまだ壊れそうでふにゃふにゃの生きものなのですから、細心最大の注意が必要です。育児とはどこまでも難業なのです。赤ちゃんが親に合わせてくれるわけではありませんので、親の方が赤ちゃんに合わせてゆかなければならないのです。

　親を悩ませる赤ちゃんや幼児の問題として次のようなものがあります。まず、夜泣きや癇癪、強く長引く人見知り、自家中毒、アトピー性皮膚炎や喘息といったアレルギー疾患、それから、指吸い、爪かみ、性器いじり、偏食や少食、夜尿、遺尿や遺糞、チック、自傷行為、自閉傾向、多動傾向、そして、ことばの遅れ、などなどです。これらの多くは親子関係の何らかのきしみの表われと考えられます。親の接し方が固くて窮屈だったりすると、子どもも固くなり窮屈な思いをすることになります。逆に、親が柔らかければ、子どもも柔らかく育つことができます。

　育児とは、親子の暗号の解き合いのようなものといえるでしょう。うまく解き合えば、息の合った親子となるのでしょう。しかし、相性というものがあって親子の相性が悪いのか、親の感度が鈍くてセンサーがはたらかないのか、子どもの方が難解で高度な暗号を発信するためか、双方の交信が成立せず親子関係が暗礁に乗り上げる事態も多くなっています。偏差値育ちのマニュアル世代

が頼る育児書には，暗号解読のヒントは書かれていてもずばりデジタルな一致
をする解答はないといえます。そこは微調整をしてデジタル数値の前後を読み
取り，我が子にあてはめて符合させる「アナログ育児」（鳥山，1993）の柔軟
さが必要なのです。

　NHKのラジオ第一放送の毎週木曜日朝10時5分から55分まで，電話によ
る「ヤングママ子育て相談」というのがあり，ヴェテランの小児科医が懇切丁
寧に若い母親に回答していますが，聞いていますと，昨今の母親たちが如何に
「デジタル育児」に毒されているかがわかります。時折，赤ちゃんの祖母が電
話を掛けたりすることがありますが，やはり育児情報誌に振り回され一般化で
きずに，書いてある通りにならない孫の状態にすぐに動揺し，自信をなくして，
娘である若い母親と共振れしている始末です。目の前にいる赤ちゃんだけを見
ているためにそうなるのでしょう。ここは親たちの視野を広げ，育児を大らか
にしてあげるために，育児連帯のサークルを作ることで，周囲の人たちの助太
刀が必要といえるでしょう。

3. 子 育 て 支 援

　我が国の大部分の地域において，生活環境の都市化と家庭の孤立化が進み，
子どもたちを育て合う状況がますます希薄になっています。親と子が逼塞して
暮らすことになり，その息苦しさから抜け出せず，感情のはけ口が得られない
場合，親の欲求不満の矛先が弱い子どもに向かうことがあります。その結果，
心身に傷を受ける子ども（被虐待児）が増えています。加害親は実母や実父が
多いようですが，育児疲れやストレスからついつい「罰の子育て」をしてしま
うのです。この親子の交信の拙さと不適合は悪循環となり，どんどんエスカレ
ートする危険性があります。

　今こそ社会の中で子育て支援の取り組みと育児カウンセリングの場が必要で
す。私はこのような実践を「社会教育的発達臨床」活動として捉えています。
たとえば，発足当初から私も関わってきたものに，大阪府高槻市市民部の障害
者福祉センター（ゆうあいセンター）内の「めばえ教室」というのがあります。
これは乳幼児早期療育事業の一環として母子通室制による育児支援の場です。

主として保健所の1歳半健診でことばや動作の遅れを指摘された子どもやダウン症候群のように生まれてすぐに発達障害が予見される子どもを対象児として，週1回の母子通室によるグループ・プレイや個別相談が行われています。現在，高槻市の人工増加はすでに低調となって，生まれてくる子どもの数も減っているにもかかわらず，毎年「めばえ教室」対象児は定員をオーバーしており，常時待機児が多くいるといった状況です。満3歳の3月までが限度で，1年を3期に区切って子どもの発達を見据えながら通室児を受け入れています。早くめばえて問題のなくなった子どもは，1期か2期で退室してゆきます。退室しても，親の希望によりその後もアフターケアとして個々に相談にのってもらえます。

しかし，なかなかめばえずに発達障害のおそれのある子どもは，3歳以後就学年齢まで，今度は同じ高槻市の教育委員会所轄の「うの花養護幼稚園」に通うことになります。この「うの花養護幼稚園」は，ほぼ25年の歴史がありますが，公立でしかも養護幼稚園という障害児のための専門幼稚園としては全国唯一の貴重な存在となっています。原則的には，子どもは満3歳の4月に入園し，3年間通園して，満6歳の3月に卒園してゆきます。もちろん，途中入園や途中転園も認めていますが，大多数は3年間在園し，地域の小学校の障害児クラスや養護学校に進んでゆきます。子どもたちの問題は，ダウン症候群，自閉性障害，多動性症候群，精神発達遅滞などで，表面的にはことばの遅れや行動異常として捉えられるものです。私も発達指導講師として10数年前から関わっていますが，その実践のあらましは次章で紹介したいと思います。

このような機関は中都市規模であれば全国的にも相当数設置されていると思われます。しかし，すべて民生部や市民部の運営であったり，福祉法人の経営であったりします。私が今までに講演などを依頼されて訪ねた所としては，京都市立児童福祉センター総合療育所療育課「こぐま園」，大阪府茨木市立障害福祉センター「すくすく教室」と「あけぼの学園」，といったものがあります。また，一般の保育所・保育園や小学校・中学校においても，子育てについてのセミナーや研修会がよく開かれています。

4. 育児カウンセリング

　子どもが示すさまざまな問題への対応は，ダイナミック（臨機応変）にソフト（柔軟）にする必要があります。病院や診療機関での検査や診察で異常がなければ，生活環境や親子関係に注目します。そして，子どもが示す困った行動にも意味があり，その原因となるものがある点に留意します。発達の遅れや障害が認められれば，上に述べたように，他に療育援助を求めるのがいいでしょう。障害傾向のある子どもへの関わりは，親も保育者も容易ではありません。

　保健所や保育所・園がまず地域の育児相談機関です。子どもを見守り育てると同時に，親をも見守り育てるやさしさがほしいものです。育児に難渋している親は，自分も何か個人的な問題を抱えていることがあります。肉親や親戚の人といった身近な人たちも確かに好意的に温かい親切な助言をしてくれたりしますが，時に押し付けであったり，余計なお節介が付いてきたりします。納得できないことを勧められた場合，断りにくいものです。同じようなことでも，身内の人から聞くよりも，専門家や中立の第三者から聞く方が，耳障りにならなかったり，心にすっと入ったりするものです。そして，もう聞きたくないと思えば「さようなら」を言えば済むことで，縁を切るほど大げさにはなりません。

　今日，社会の中でカウンセリングという相談活動が要請される理由はここにあるのです。困った時の「神頼み」という行為は古来より連綿と引き継がれており，科学と宇宙の世紀といわれる現代でも，宗教や占いに頼る人は数多く，たたりや罰（ばち）を恐れる心性も善良な人ほど備えています。天秤にかけて，どちらを重視するかは人それぞれですが，問題を解決するヒントを幾つか得ようとする人が多いようです。いわば二股掛けと言われるもので，あちこちで答えをもらい，そこから共通項のような最大公約数的なものを選び出して，とりあえずの解決策にする人がいます。宗教巡りや寺社巡り，医者巡りやカウンセラー巡りをする人はざらにいます。しかし，それを責めてはいけません。これはすべてカウンセリング行脚（あんぎゃ）なのです。ゆったりと愚痴を聞いてくれる存在を求めて，現代の親たちはさ迷っているのでしょう。

5. アルカリ性の育児

　子育ての非常に難しい時代です。親は子育ての中で自分を見つめ，新たな自分を発見したりして，自分の人生を広げるチャンスにするといいのですが，なかなか外の状況はそれを許してくれません。子どもが学校へ行くようになると，それまでの親子関係は一変してしまいます。学校は子どもの心身を縛ると同時に親の心身をも有形無形に縛ってきます。善きにつけ悪しきにつけ，すべてが親子のドラマであるといえばそれまでですが，現今の学校という存在が子どもを持つ親たちに与えるプレッシャーは一体何なのでしょう。子どもが学齢期になって，親になったことを後悔する日が１日も無いといえる親は何人いることでしょう。毎日毎日，子どもを時間で追い立て，勉強という課題で追い立て……，これではやさしくて物分かりのいい親を演じるどころではありません。こんなはずではなかったと，もっと違う親であるはずだったと，現実が理想とあまりにも食い違ってゆくことにあきれはて，その無念さを連れ合いや子どもにぶちまけることになります。そういう親たちの心ほぐしと肩の力抜きをしてくれる人が是が非でも必要です。

　せめて次の〈子育て　心得　三箇条〉でもヒントにしてみれば，子どもに接する気持ちに余裕が出てくるのではないでしょうか。

１．長い目でみる。
　　　子どももそうですが，ものごとというものは時間がたてば必ず変わります。
　　　今がこうだからといって嘆くのはいいとしても，絶望することはありません。
２．しつこくしない。
　　　親からの注文や指示は，二三度ぐらいにしてちょっと様子を見ましょう。
　　　くどくどと言ってせきたてると逆効果になります。待つことです。
３．ほめる。

何か小さなことでも善行や改善のしるしがあれば、ことばでほめることです。
あら探しは辛いものです。しばらく目をつぶって見過ごしてみましょう。

　もちろんこれで万事うまくゆくとは限りません。取りあえずは親子の間や、または、夫婦の間でも波風が立った時にはお互いの関わり方のモットーとして利用してみて下さい。さらに、保育者や学校の先生たちも、担当する子どもたちへの指導のポイントに心掛けていただくといいのではないでしょうか。
　先回りする、かまい過ぎる、決め付けるようにけなす、これが〈子育て　心得　三箇条〉の逆ヴァージョンです。私はこれを「酸性」の関わりと呼んでいます。酸っぱい、苦い、辛い酸性の親は、子どもの心をただれさせてしまいます。酸度が増して濃密になればなるほど子どもの心はますます侵され、穴があいたりぼろぼろになってしまうでしょう。少し距離をとってあっさりとした接し方をしていると親子共々傷つけ合うこともなく、相互尊重の共存共栄が成り立つことと思います。このように控えめで、ゆったりと子どもの思いを受けとめ、「親」という漢字が示すように、少し高い『木』の上に『立』って、『見』守っている親を「アルカリ性」の親と呼びます。子どもの成長を引き出すものはこの「アルカリ性」育児であり、その反対に妨げるものは「酸性」育児といえるでしょう。

6. 食べもので育む親心

1. 飽食の時代，しかし，……

　世は飽食の時代といわれ、巷にはありとあらゆる食べ物が満ちあふれています。お茶碗や弁当箱の片隅にこびりついた飯粒のひとつひとつを丁寧に箸でつまんで口に運ぶ人も年配者に限られてきました。家庭やレストランの食卓で、食べ物を残しても平気な人がどんどん増えています。宴会やパーティーの終わりが告げられて、会場を去る折に目撃する光景ですが、テーブルの上に何とどっさりと残り物があることでしょうか。これらの残り物はどこへ行くのでしょ

うか。ペットの犬，猫の食料になることもあるでしょう。残飯バケツに集められ養豚場へ運ばれるかもしれません。家庭のごみとしてビニール袋に入れられ路上に置かれているところへ野良猫がたかり，カラスが舞い下り，袋を破って食い荒らしている姿は，今や都会の日常茶飯事となっています。「権平が種蒔きや鴉がほじくる」の図は，油揚げならぬグルメの残り物を，ごみ収集車よりも一足早く失敬しているありさまになっています。猫やカラスが高血圧症や糖尿病にならねばいいがと思います。

2.「ハハキトク」「オカアサンハヤスメ」の料理

　ひところ，子どもの好きな食べ物は，母親にすればあまり手のかからない簡単な，それでいて油っこい，濃いめの味の，洋食系のものという話題がありました。今もそれほど変っていないようですし，むしろますます強まっている感がします。「ハハキトク」というのは，ハムエッグ，ハンバーグステーキ，ギョウザ，トースト，クリームシチュー，の頭文字のことで，インスタントで手軽なレトルト食品をちょっとフライパンで焼くかお湯で温めれば出来上がりの朝食メニューです。また，「オカアサンハヤスメ」も同じようなもので，オムレツ，カレーライス，アンパン，サンドイッチ，ハンバーグステーキ，焼き飯，スパゲッテイ，メンチカツ，といったものです。いずれもいわゆる"お袋の味"とはほど遠く，喫茶店やレストランで食べるような軽いスナック風の一品皿のものであることがわかります。子どもの嫌うような生野菜や海藻類はまず材料に入っていません。

　その結果，このような食生活で育った子どもには早くも"成人病"の徴候が現われているそうです。"成人病"ということばは，現在，「生活習慣病」という言い方に変更されていますが，基本的な食生活が偏ったり，度を超した油脂分や塩分，甘味料や酒，タバコといったものを，長年好んで摂取し過ぎると，さまざまな臓器障害を起こすということになります。つまり，成人ならぬ子どもの体に，高脂血症（コレステロールが血管の内側に溜まる）がみられ，それにより，高血圧症や心臓疾患が少なからず生じているそうです。さらに，肥満による糖尿病や腎臓病もあなどれないようです。

3. カウチポテト症候群とペットボトル症候群

　これも子どもたちの大好きなお菓子と飲み物が招く怖いお話です。最近の，いわゆるスナック菓子というのは，御存知のように，原料の豆，麦，米，いも類，コーン，ナッツ類や干魚類などをそのまま加工するのではなく，一旦細かく粉砕して，その粉末を混ぜ合わせ，色や味付けをして，子どもたちにはおいしそうな色とりどりの，かわいい形の一口サイズのお菓子に出来上がっているのです。味も甘いのや辛いのや，ピリッとしたのや香料のエッセンスが入っているのや，濃いめの味も気になりますが，それ以上に心配なのは，しっかりと歯で噛み砕く必要がなく，口の中で唾液にまじっていればほどなくとけてそのまますぐに飲み込めるということです。そして，食べ始めたら「やめられない，とまらない」で，袋が空になるまで幾らでも食べ続け，それだけでお腹が一杯になり，ごろんとカウチ（ソファー）に寝そべってテレビやまんがを見るだらけた生活で，運動不足にもなるということです。これが「カウチポテト症候群」といわれるものです。

　人間の子どもは，噛むことによりあごの骨を丈夫に発達させ，また，噛む動作が脳に伝わり，脳の働きを全体として活性化させるのだといわれます。昔からの豆菓子や米菓子などは実に噛みごたえがあり，味もあっさりしていましたし，スルメや干し芋などは何度も何度も噛んだりしゃぶったりしなければなりませんでした。噛めば噛むほど味がありました。そうして粘り強い，辛抱強い，根気のある人間ができあがったのではないでしょうか。

　もうひとつ，子どもたちの好きな清涼飲料水も厄介なものです。ウーロン茶や番茶はまだいいのですが，特にコーラやジュースといった甘味料の入ったものが曲者です。上に述べた「カウチポテト症候群」と同じように，1日に1リットル入りのペットボトルを1本すべて，あるいはそれ以上を飲んでしまう子どもや青年がいるそうです。もう癖になってしまいがぶがぶと飲んでいるうちに，中に含まれている砂糖が大量に体内に入り，カルシウム分を溶かしてしまい歯や骨をもろくして，乳歯どころか永久歯もボロボロにしたり，手足が骨折しやすくなり，糖尿病にもなる危険性があるということです。子どもがほしがるからと，いつも冷蔵庫に備えてある清涼飲料水で，子どもたちは「ペットボトル症候群」に追い込まれていくのです。

4.「オカアサンダイスキ」の手料理が一番

　このように食べ物が子どもを育て，人間を作ってゆくのです。毎日の食生活で丈夫な心身が出来上がってゆくのです。親が手を抜いて，子どもが欲しがるままに，スーパーマーケットで簡単に手に入る出来合いの惣菜やスナック菓子を与えていると，お腹は一杯になりますが，その味に慣れてしまい，結局，「生活習慣病」に直結してしまうことになります。

　食生活の改善は非常に難しいものですが，本当に空腹であれば何でも食べるのが人間です。そこがポイントです。少し子どもたちともめるかもしれませんが，なるべくスナック菓子や清涼飲料水の買い置きを控えて，子どもたちのお腹を空かせることです。そして，「オカアサンダイスキ」の手料理を組み合わせて食卓に並べてはどうでしょうか。これはある料理専門家がラジオの番組で紹介していたのを私がメモしたものですが，おから，蒲焼き，あずきご飯，さんまの塩焼き，だて巻きたまご，いも料理，すし，きんぴらごぼう，といったものです。古来からの日本人のなじみのメニューで，今の子どもたちには少々評判が悪いかもしれませんが，栄養のバランスに富み，カルシウムもたっぷりのお料理です。作る人の愛情と優しさがこもっていると思います。

　そして，さらに，「オトーサントナカヨク」のメニューは如何でしょうか。これは私が思い付くままに挙げてみたものですので，あまり信用してもらわない方がいいかもしれませんが，おみおつけ，とうふ，"散歩"，トマト，納豆，かぼちゃ，よもぎ餅（だんご），栗ご飯，といったものです。食事の後で，お父さん，お母さん，そして，子どもたちと一家揃って，腹ごなしのお散歩もいいですね。

5. 個食（孤食，ひとり食い）と「……ながら」食い

　多くの家庭から一家団欒ということばが消えつつあります。父親や時には母親も仕事に忙しく，普段の日常は，子どもがひとりでテレビを見ながら，まんがを見ながらの寂しい食事風景が当たり前になっています。クラブ活動や学習塾から遅く帰ってきて，家族の食事時間に間に合わず，やはりひとり食いになってしまう子どもたちもいます。テレビのホームドラマにあるような，にぎやかなわいわいといったような食事の場面は，どこかへ行ってしまいました。も

う家で食べることもまれな子どもも多く，友だちと学習塾の行き帰りにファーストフードのハンバーガーやフライドチキン，そして，フライドポテトとジュースのセットで御満悦という始末です。

　それでもまだ母親が子どもの食事に付き合っている場合は多いようです。子どもも機嫌のよい時はうれしいようです。しかし，時には母親から学校のことや友だちのことについて，根掘り葉掘りの質問攻めに会い，子どもは閉口して，せっかくの「お袋の味」も苦々しいものとなり，「うるせえ！　うざい！　うっとうしい！」などといったセリフも飛び出し，母子の間が険悪なものになったりします。ここはひとつ子どもの語りに耳を傾けてみましょう。子どもは誰かじっと聞いてくれる人がいるとうれしいものです。相手が聞いてくれるとわかれば，子どもは次第に心の奥にわだかまっている悩み事も語り出すものです。先回りしたり，一方的な忠告をしたり，詮索(せんさく)することはなるべく我慢して，親が聞き役に徹してくれると，子どもは自分で心の中を整理して答えを見出してゆくことができます。子どもの心のなかに強引に踏み込むのではなく，そっと心を沿わせて行くのが本当の親心でしょう。特に，思春期の子どもに対してはそれが望まれます。

6.「酸性」の育児よりも「アルカリ性」の育児を

　最近，「ムカつく」子どもや「キレる」子どもが多くなった，という話題が取り沙汰されています。情動不安定で興奮しやすく，すぐにかっとなって怒りっぽい傾向が目立つということです。その親も親性未熟で，子育てにイライラしやすく，子どもに怒鳴ったり叩いたりの短気な関わりをしがちです。その真似をしているというか，その報復的な機制もあるのでしょう，こらえ性がなく他害的な行為を簡単に自分よりも弱い人や無防備な人に犯してしまいます。学級崩壊の渦中の小学生や残忍な殺人犯の中学生にもそのような原因が考えられます。

　このような情動障害の背景として，上に述べたような食生活の歪みも無視できないように思います。それは，濃い味と脂っこい肉料理，柔らかくてあまりしっかりと噛む必要がない加工食，ミネラルやカルシウム分の少ない半調理品などを好んで食べて出来上がった人工飼育児のようなものだからかもしれませ

ん。血液も酸性のようで血圧が上がりやすいのではないでしょうか。

　一方，子どもべったりで，手取り足取りまとわり付き，子どもの一挙手一投足にまで目を行き届かせ，子どもの機嫌とりに子どもの喜ぶ食事を与える親も困りものです。子どもはいつか自由を欲し，親から離反し，その最後通諜に拒食症や家庭内暴力を示したりします。これは"しつこい味"の「酸性」の育児だからです。子どもたちはそのきつい"酸"に侵されることを恐れるゆえに親を拒否するのです。苦い，辛い，酸っぱ過ぎる味は，子どもの心を溶かしてしまいます。ここは是非，手作りの，あっさり味，うす味の「アルカリ性」の育児を心掛けて下さるといいでしょう。

〈参考文献〉
鳥山平三　1993　育てあい：発達共生論―育児と療育の社会臨床心理学　ナカニシヤ出版

第3章　子どもの発達を願って、親たちに贈るエール

1. 花のこころぞ　花のみぞ知る

　新しい年が始まったかと思うと、早やもう2月となりました。まだ寒い多くの日々が続くことと思いますが、季節が春に向かっていることだけは確かですね。ということは、また別れと出会いの、泣き笑いの新たなる旅立ちの日が近づいているのだなあと思わざるをえません。ずっとこのままでいたいと願う心もあれば、違った環境で違った経験や試みをしてみたいと、いくばくかの期待といくばくかの不安を胸にしての複雑な心もあるでしょう。物事の変わり目にはいつもなにがなし緊張感があるものです。われわれの社会ではこの2月から3月にかけての、春まだ浅い三寒四温の気候が、少しずつわが子の身辺に迫って来る行事(イヴェント)への胸の高鳴りを盛り上げていってくれるのです。

　2月の庭に咲くおなじみの花は、梅と椿でしょうか。四季折々に咲く数限りない花々の中で、枝に積もる白雪がもっともよく似合う花ではないでしょうか。観光客が大勢押し寄せて愛でる、有名寺院の庭や神苑の梅や椿の花でなくていいのです。ふと民家の垣根越しや団地の前庭に咲く楚々(そそ)とした小さな花がいいのです。雪をかぶって本当に冷たく重たそうですね。風が吹いて少し雪が振り払われます。しかし、まだ枝や葉に凍てついた氷のような雪はしつこくまといついています。氷の缶詰になって、梅の花の白やピンク、椿の赤が引き立ち、いつまでも鮮やかさを保ちそうですね。そして、いつしか雪もとけて花の香があたりにたちこめます。少しずつ日だまりのぬくもりがありがたくなり、梅や椿の花の色が淡く変わってくると、いよいよ春遠からじの風情となります。

　たとえてみれば、梅や椿の花に起こるようなことが、人の一生にもいろいろ似た形で生じるのではないでしょうか。冬という季節がさほど嫌いではない人でも、1年中が冬のままでは心も冷えいることでしょう。やはりいつか春がくると思えばこそ、冬の花々や鳥たちや雪や氷もひとときいいなあと思えるので

はないでしょうか。必ず春が来ると知っているから，わたしたち人間は冬の寒さやくすんだ景色に耐えられるのです。いつかとけるとわかっているから，雪の重みにも我慢できるのです。そして，何度も冬を越すごとに枝や幹も太く強くなっていくのです。冬がなければ"うどの大木"や"葦"のように，もろくてすぐにでも折れてしまうようなひ弱なものにしかならないでしょう。冬や寒さが実はわたしたちをたくましく，しぶとく生きられるように鍛えてくれているのです。

ところで，幼稚園年齢の子どもたちはいわばまだ花の"つぼみ"といえるでしょう。ぱっと早く咲きだす子どももいれば，雪に降り込められてかたくなに身を縮めている子どももいるでしょう。早咲きの子どもは上に述べた2月の梅や椿でしょうか。寒さにも強いですね。遅咲きの子どもは，3月の桃，4月の桜，あるいは，5月のつつじ，というようにおもむろに暖かい風を待って咲き出すのです。そして，次の年も，翌々年も，その後もいつも冬は堅いつぼみのままに寒風をやり過ごすのでしょうか。ぬくもりやそよ風が好きなのですね。春を待ってやおら心を開いてくれるのですね。つぼみのままでは，小鳥たちや蝶たちは蜜を吸えませんが，それはしかたがないことです。まだ心地よい風が吹かず，太陽も陰りがちだからです。しかし，つぼみは生きています。いつか咲こうと身内に思いを宿して秘めているのです。一刻も早く春が来てほしいですね。

話は変わりますが，1992年の秋，1人の青年が作曲した曲がCDとなり売り出されました。なぜ話題になったかといいますと，彼が有名な作家の長男であるということからかもしれませんし，彼が脳に障害のある子どもとして生まれ育ち知的活動に困難をきたす状態のなかで，見事な旋律を生み出したという驚きゆえかもしれません。その彼とは，ご存じのように，大江健三郎さんの御子息 光(ひかり)さん（当時29歳）のことです。大江さん夫妻は音楽が好きで，光さんが赤ちゃんの時から家のなかがいつも音楽で満たされていたので，その環境が自然に彼の脳のある部位を活性化し，音楽に対する感受性を豊かにしたのでしょう。そして，音感表現という特異能力をひときわ著しく発達させたのでしょう。私もそのCDの何曲かを聞きましたが，本当にすばらしいものです。フルートとピアノの，のびやかで軽やか，少しうれいを帯びてもの憂げなメロディ

ーは，なかなかのものです。バッハやヴィヴァルディのようなバロック調にも聞こえますし，モーツァルトやシューベルトのようにも聞こえますが，しかし，そうではなくこれはまぎれもなく光さんの音楽なのです。光さんの潜在能力をよくぞここまで引き出したものだと，大江さん夫妻のみならず，彼の療育に携わった先生たちや音楽のレッスンをされた先生たちに敬意を表したく思います。まさに，"光さん"は"世の光"なのではないでしょうか。まさしく天国の音楽のように聞こえますから不思議です。

　人にはさまざまな人生がありますが，どこかにそのハイライトといったものがあります。梅や椿の花が2月にその満開の時を得るように，桃は3月，桜は4月なのです。光さんも今その青年期の花をようやく咲かせているのかもしれません。いやむしろ，大江さんの作家としての花はすでに咲かせておられるとしても，親としての開花はこれが初めてなのかもしれません。「ことしの秋は，紅葉がしみじみと美しく見えました。われわれの生涯の1番輝ける日，めぐりくる季節のなかで訪れた喜びにみちた村祭り，そんな風に思えるんですね」と，大江さんは実に親業の苦衷(くちゅう)の果てにオアシスにでも巡り会ったかのように，安堵の思いで語っています。テレビの対談番組に親子で出演した時の光さんを見るかぎり，彼もうれしそうでまんざらでもない様子には，正直ほっとさせられました。

　年のめぐりに春夏秋冬があるように，人の一生にも四季があります。草花や樹木にもそれがあるのです。四季それぞれに適した花木があり，その季節にならないと花も実もつけません。育てる側は，早よ咲け，早よ熟せ，とせっせと肥料や水をやりますが，"つぼみ"にはつぼみの都合があるようです。世話は大変ですが，必ず花時，実時が来ると信じて，わが子の春と夏の到来を待ちましょう。

　　咲くも花　散るも桜の花ならば
　　　　花のこころぞ　花のみぞ知る……，　　　　　　ということでしょうか。

2. 如是我聞(にょぜがもん)（このように私は聞いた）

　仏教のお経を読むことがある人であればご存じだと思いますが，これは教典

の最初によく書かれていることばです。お釈迦さんの教えに従って弟子の"阿難"がいろいろなお経の冒頭に冠らせた語だそうです。ありがたいお釈迦さんのことばが聞くままに書き留められ、それがわれわれには何のことだかさっぱりわからないお経となったのですね。もともとは梵語(サンスクリット語)ですから、ちゃんと意味はあるのでしょうが、それを知らないままにわれわれは音読するだけで、仏教に信心のある人はただただありがたい気持ちになれるのだと思います。お坊さんが勤行や法要の時に長々と読経をするのを聞くにつけ、意味はわからないとしても、何かをわれわれに伝えようとの思いがあるのだけはわかります。これはキリスト教やイスラム教などのお祈りの詠唱に関しても同様です。私など信仰のない人間には、聞いていると少し眠くなる代物ですが、人の声が聞こえるというよりも、ある種の音楽として「聴聞」する方がまだしも聞くに堪え得るようです。つまり、「聞く」というよりも「聞こえる」という言い方に近く、「聞き流し」をしているのであまり気持ちを込めて聞いているとはいえません。

　ここで私が話題にしたいのはこの「聞く」ということなのです。人の話をじっくりと「聞く」ことが非常に難しい時代になってきました。家の中ではよくテレビがつけっぱなしになっていたりします。家族はテレビの音声と競い合いながら話をすることが多いのではないでしょうか。商店街やデパートやスーパーマーケットの中でもひっきりなしに有線放送やBGMの曲が流され、さらに商品宣伝や催し物案内のアナウンスが騒々しく流されています。JRや私鉄のターミナル駅でも、特急列車や電車の中でも同様です。外国人がよくびっくりしたり眉をひそめるものに、ちり紙交換のけたたましい拡声器音と夜鳴きそば(ラーメン)や石焼きいもの笛の音と売り声があるそうです。さまざまな音に鈍感になってしまった現代の日本人には困ったものです。どうも周囲や耳元に音がないと落ち着けない人たちが増えているようです。たとえば、成人の日などに若者を多数集めて講演会を開いた場合、たとえ講師が著名人であっても、聴衆は横を向いて仲間とおしゃべりに夢中で騒がしく、後で講師が憤慨したという話がよくあります。また、私もいくつかの大学で講義をするのですが、学生たちの私語を控えさせるのに大変苦労しています。講義を「聞く」ために出席しているというよりも、仲間とのおしゃべりや情報交換のためにきていると

第3章 子どもの発達を願って,親たちに贈るエール　27

いった方が的確のようです。残念ながら人の話を集中してしっかりと「聞く」構えが育っていないために,「聞き流し」になり,「聞こえる」けれども何のことだかさっぱり理解できないといった若者になっているようですね。講演の講師の声も退屈な講義の教官の声も,彼らにとっては意味などどうでもいいお経であったり BGM のようなものなのでしょう。まだ静かに居眠りをしていてくれた方がどれほどかましだと思う昨今です。

　ところで,そのような学生たちに1つの課題を出しました。すなわち,「あなたが男性ならばあなたの祖父の,また,あなたが女性ならばあなたの祖母の,簡単な伝記を書いてみましょう。幼児期,児童期,思春期,青年期,壮年期,老年期の順に,思い出を語ってもらい,人生上のハイライトともいえるエピソード（逸話）があれば,その時の心境も聞き出してレポートしてみましょう」というものでした。約150人ほどの人がこのレポートをまとめて提出してくれましたが,なかなか味読すべき内容だったものですから,文章を少し修正しただけで本にまとめて出版しました。まず,女子大生のレポートだけを編修して世に出したのが『祖母の伝記――女子大生のインタヴューレポート――』（ナカニシヤ出版刊,1991年）です。明治末から大正時代にかけて生まれた祖母たちが,大学生の孫娘の唐突な願いにはじめは戸惑いながらも訥々（とつとつ）として語り,そして,自分史を語り終えて「よう聞いてくれたわ！」と最後は孫に感謝の念さえ催しているのです。孫娘たちもいつもはただの老婆だとばかり思っていた祖母の半生に,何と重く苛酷なドラマが秘められていたのかとはじめて知って,驚くとともに意外にも祖母を見直し敬意を表してさえいるのです。うれしいことにこの本のことが,朝日,毎日,読売の新聞紙上で取り上げられ,私自身が逆にインタヴューを受ける結果となりました。その記事のお蔭で,北は北海道から南は沖縄のお年寄りが本を買って下さり,初版はたちまち売り切れるという思いがけない反響と好評を得ることができました。それにより,お年寄りがいかに話相手を求めているか,いかに自分のことを語りたがっているかがよくわかりました。その記事の中で,いずれ続編を出しますと約束したことでもあり,この度,女子大生の残りのレポートに加えて男子学生の「祖父の伝記」を合わせて『祖父母の伝記――大学生のインタヴューレポート――』として出版しました（ナカニシヤ出版刊,1994年）。大学生の孫たちがまさに「如是我（にょぜが）

聞(もん)」した結晶がこの伝記資料集なのです。また，お年寄りに読んでもらえると幸いだと思っています。本の宣伝をするようで恐縮ですが，皆さんの祖父母や身近におられるお年寄りにプレゼントしていただければきっと喜ばれると思います。

　さて，この祖父母と孫たちの対話が成功したのは，お互い1世代を超えて比較的距離をおいて接することができたからなのです。親子とか嫁姑の関係だと，一旦仲が悪くなるともっと「聞く耳持たぬ」間柄になってしまいがちです。そこは利害や打算を離れて，虚心に「傾聴」してくれる相手であれば，お年寄りもおもむろに心を開いてくれるのです。肉親ではどうしても情実がからんでしまい，隠やかに胸襟を開いた会話ができないことがよくあります。そのために第三者が必要なのです。社会福祉司さん，保健婦さん，お医者さん，相談員さん（カウンセラー）といった社会のインターヴューアー（聞き役）がその第三者です。お年寄りは，本当に耳を傾けてじっくりと聞いてくれる人を待っているのです。子どもたちも同じです。なかなか心の窓や扉を開いてくれない子どもたちが多くなりました。しっかりと聞いてくれる親や先生や大人たちがいなくなっているせいでしょうね。子どもたちも待っている存在です。子どもたちが何も話さなくても，声や表情を丹念に「聞いて」あげて下さい。自閉的であったりことばの苦手な子どもたちが，意味の通じないことばや独り言を繰り返しても辛抱強く「聞いて」あげて下さい。忙しいなどと言ってぞんざいにせず，とにかくしばらくそっと耳を傾けて下さい。何のことなのかわからなくても，意味不明の声出しだけでも，「そう，そうだったの」「なるほど」「ふんふん，それから…」，などとあいづちを打ったり，話し（？）を続けるようにと促して下さい。相手がじっと「聞いて」くれるお母さん，お父さん，あるいは，先生だとわかると子どもは心から語りかけてきます。きっとことばも芽生え，お話しも上手になっていくと思いますよ。

　「聞いて」もらいたいと思っているのは，小学生や中学生のように学校に行っている子どもでも同じです。言いたいことは一杯あるのに，親や先生はまるでお経のように「聞き流し」てしまう。そして，一方的に命令や警告や注意や禁止で問答無用と迫ってきます。これでは言ってもしょうがないと，子どもたちは物も言わず，心も閉ざしてしまうのです。今ほど「聞く」ことを問い直す

第3章 子どもの発達を願って，親たちに贈るエール　29

時期はありません。こちらのことばを「聞いて」もらいたければ，まず相手のことばに「耳を傾ける」ことです。日本語でなくて外国語でも，単語でなくて喃語（赤ちゃんのウマウマやバブバブ…）でも，ジャーゴン様発声や奇声でも，しばらく「よし！」とあぐらをかいて，相手を見つめて「ままよ！」と，少しにっこりして，辛抱して聞きましょう。そして，聞きましょう。まだまだと，聞きましょう。

　そうすれば，いつの日か，必ず，小声かもしれませんが，うれしい感謝のことばが聞こえるでしょう。「ありがとう！　ただ，聞いてくれて，ありがとう！」と。

3. 育児の方程式

　この章の冒頭に「花のこころぞ　花のみぞ知る」とう題で，人の一生にはそれぞれその花時や実時があるということを述べました。そのなかで，1994年度のノーベル文学賞をもらわれた大江健三郎さんとその御子息の光さんについて書きました。脳にヘルニアがあるという障害を持って生まれた光さんの，幼い頃から親しんできた音楽への感覚が作曲という創作で開花しました。甘やかでやさしく透明なメロディーが何曲も仕上がり，プロの演奏家の好意で演奏されたものがコンパクト・ディスクにプレスされ発売されたのです。大変な評判でよく売れたそうです。そして，2年後にさらに新たに作曲されたものが，今度は光さんが挨拶をしたり，客席で鑑賞するといったライブ公演といった形で披露され，さらに『大江ひかり，ふたたび』というコンパクト・ディスクとなって売られています。それと同時期に父親の大江さんが世界の檜舞台で輝かしい金字塔を建てられたのです。「これで，光もわたしたち親がいなくても生きていけるでしょう」と，語っておられます。

　光さんはまだ興奮したり疲れたりすると発作が起こったり，知的な遅れは相変わらずですので，社会的に自立することは今後もむずかしいと思われますが，とりあえず大江さんの親としてのひとつの到達点，いわば「8合目」にはたどり着いたという感慨があるのでしょう。1992年のその時に，大江さんは「ことしの秋は，紅葉がしみじみと美しく見えました。われわれの生涯の1番輝け

る日，めぐりくる季節の中で訪れた喜びにみちた村祭り，そんな風に思えるんですね」とインタヴューに答えていましたが，2年後の受賞に際しては「ふたたび」どころか，いよいよその感深しのまさに頂上体験の真中にあったのではないでしょうか。大江さんはようやく「子育ての方程式」を見事解いたのです。

　方程式だとか定理だとかいわれると，学校時代に数学や物理学で四苦八苦した思い出しかない人が多いかもしれませんが，わたしもその一人ですが，ここではそのような数学や記号で示される学問的なことを言っているのではありません。むしろ，タイガースファンからすると苦々しいものですが，つとに有名な巨人の長嶋監督の「勝利の方程式」といったものを考えてもらえばいいのです。つまり，かくかくしかじかの手を打てば勝利に導けるといった采配を言っているのです。もちろん選手が思うように動かない場合もありますから，昨年は優勝はしたものの後半戦は惨憺(さんたん)たるもので，方程式通りにゆかないものですから，長嶋監督も実にすったもんだの悪戦苦闘の連続でした。それでも途中で投げ出さなかったのがせめてもの幸いでした。やはり，待つこと，粘ることが大事です。

　さて，わたしはいわば子育てや人間関係にもその人なりの「方程式」があると考えるのです。何も「方程式」などといった小むずかしいことばを使わなくともいいのでしょうが，ひとつの比喩として理解して下さい。わたしの本業であるカウンセリングにも，悩んでいる人をしっかりと受け止めるための「了解の方程式」が必要ですが，育児や保育，友人や恋人との間に，そして，夫婦の間にも同様の方式が求められるのではないでしょうか。子どもをうまく自分の「方程式」に乗せた親は楽々，子どもの心をとらえ損ねて折り合いの悪くなった親は，むずかしいまだ解けないといわれている数学におけるフェルマーの定理のようなものでしょうか。解けたと思っても，あの折り紙のだまし船と同じで，残念ながらすかされて解き損ないに終わってしまうことが結構あります。素朴に何の計算もかけひきもしないという「方程式」もあります。また，育児書や人付き合いのマニュアルに従うという「方程式」もあります。夫や妻といった連れ合いや子どもにどの「方程式」が通用するか，わたしの方からはお答えしかねます。これだ！　という「方程式」が必ずあります。それを見つけることです。それが妻として，夫として，あるいは，母として，父としての，生

涯の課題です。是非見つけてほしいと願うばかりです。

　大江健三郎さんは，ノーベル賞受賞が決まってからのインタヴューで，「わたしは，息子の光に導かれました。光が障害のある子どもであるということで，小説が書けました。光によってわたしの文学の世界は深いものになりました」と，述懐されています。大江さんの文学の弱者へのやさしさも思いやりもすべて御子息の光さんから出たものかもしれません。光さんは「大江さんちの光さん」にとどまらずまことに「日本の光」「世の光」そのものだったのです。その光の啓示を受けて，それを読み解くために大江さんは数十年を費やし，あの『新しき人よ，めざめよ』（正・続）を世に出したのです。大江さんの奥さんである光さんの母親も大変な御苦労があったことと思います。母としての思いもいつか語り，文章にしてほしいと思います。彼女も大いに言いたいことがあると思います。「光はわたしの子よ，わたしが育てたのよ！」と，叫んでほしいと思います。母として，読めた「方程式」，そして，読めなかった「方程式」があったことでしょう。父が読めたり，母が読めたり，とやはり父母が相補ってわが子の心を理解するための「方程式」を解き合うことこそ理想だといえるでしょう。

　特に，自閉的な子どもの心の謎を解く鍵は容易には見つかりません。しかし，必ずあるのです。よく観察とはたらきかけを試みて，その「方程式」を引き出すことです。子どもたちと一緒にたっぷりと遊んだ人ほど，レパートリーの広いたくさんの「方程式」の蓄えがあることでしょう。育児と療育には，この「方程式」へのアプローチの意欲いかんがかかっているように思われますがいかがでしょうか。ノーベル賞や勝利にまったく無関係でいいのです。目の前にいるわが子，その眼，その行動を見つめて，苦しくも悲しくも，「了解の方程式」の解を求めて，幾月も幾年も，真摯に関わることでしょう。大江健三郎夫妻のように……。

4．冬来たりなば　春遠からじ　吹く風寒し

　2月になりました。あとひと月ほどで卒園や転園の日を迎える子どもたちにとっては，残りわずかな園生活ということがわかるのでしょうか，遊戯室やグ

ラウンドで遊ぶ姿に，心なしかハイトーンな気ぜわしさが感じられます。特に，お母さんたちやお父さんたちにとっては，わが子のこれからを思うと，新しい門出を祝う気持ちよりもはるかに，前途への心配や不安の方が絶大であることと，お察し申し上げます。親であれば，誰でもいつでもこれは同じかもしれません。

　それというのも，この1年あまりの間に，日本の社会で起こった出来事は，人間の無力さ（阪神・淡路大震災），狂信さ（オウム真理教の犯罪），卑劣さ（いじめによる相次ぐ中高生の自殺），あわてぶり（高速増殖炉もんじゅ事故），そして，怒髪天を突くような（住専の負債を税金で補填），何ともやりきれないものばかりです。わが子が，これから通う学校や幼稚園が，温かくて，明るくて，優しくて，平和だといいのですが，この今の日本の社会のように，何が起こるかわからなくて，恐ろしい環境だったりすると，親としてはもう"渡る世間は，鬼ばかり"だと，思ってしまいますね。それゆえに，この冬の近年にない寒さと冷え込みが，ことのほか身にしみて心に痛く感じられますね。

　結局，被害者は大概弱くて，孤立していたり防御の術のなかった人ということになります。たまたまの偶然とか不運としかいいようのない場合もありますが，当事者としては何かに呪われているのではないかとか，社会のつまはじきに会っていけにえにされたのではないかと思ってしまいます。そして，そう思ってしまうと，もう戦ったり耐えたりする勇気や根気が失せてしまいます。どこかに支援をしてくれる人もいるかもしれませんが，それを探すエネルギーが続きません。今の世間は人ひとりをなかなかいとおしんではくれないからです。

　それほどまでに日本という社会は，一度孤立感を味わった人間にとって，人々の人情は冷たいという印象を強烈にもたらされるのです。さらに国民や住民のためのサーヴィスであるはずの行政の担当者の，傲慢さや融通のきかなさ，そして，ことなかれで愛想のない対応にはほとほと何でこんな国に住んでいるのだろうと，できることならば別の国に移住したいものと願う気持ちも起ころうというものです。日本とは，この行政にもの申さねばならない身の人たちには，本当に悲しい国です。まだまだ心の広い，おおらかで民主的な国とはいえませんね。

　1995年11月14日の「朝日新聞」の"声"の「障害と共に」の欄に，次の

ような投書が載っていました。ご覧になった方もあるかもしれませんね。それは東広島市の28歳の教員からのもので，『子供が教育を受ける場を親が決める権利はないのか』というものです。原文通りに引用しますと，「先日，市役所へ娘の保育所入所について聞きにいったら，『検討委員会』にかけるという。『子どもの教育の場を決めるのは親の権利だ』と問うと，『市の権限です』とのたもうた。どうして？ みんなが当たり前にいける保育所ですら，この子には試験があるの？ 私は疑問と腹立ちがおさまらなかった。

　障がいをもっていたって，親がその子に1番合った教育を選択する幅があって当然じゃないか。今まで何人の障がいを抱えた子の親が，わが子の行く先を阻まれ，選択権を奪われ，『どうせ，だめだから』とあきらめさせられてきただろうか。『寝たきりの子は保育の対象にならない』とか，『障がいを抱えた子は，おおむね3歳まで家庭でみること』とか，『重度の障がいの子は受け入れられない』とか，おおよそ行政の人間が使うべきではない言葉を使われ，絶望のふちに立たされてきただろうか。

　この子だって，好きで障がいをもって生まれてきたのではない。この病気をもつ子は，3万人に1人生まれてくる。だれがいつ障がいをもつかわからない。年をとれば，みんな何らかの障がいをもつ。だからこそ，社会のみんなで育てていかなくてはいけないと思う。

　他の都市では，障がいを抱えた子とそうでない子が一緒に，市の主催で集いをしたり，車いすの子を保育園で友だちが押したり，共に育っている場面をよく見る。市は学研都市，未来都市を目指しているというけれど，人間を大切にしていかなければ，形ばかりの街になっていく。まず，行政の人の人権意識を高めてほしい。窓口の人間がああであるかぎり，この都市が人にやさしい街になるのはむずかしい」，で終わっています。読んでいてなぜかしら胸が熱くなりました。それで，できることならば「うの花幼稚園」の皆様にも目にとめて頂き，同感と義憤を抱いてもらおうと思った次第です。ここ高槻市ではこういうことはないものと思っていますが，すでにこの投書子と同じような経験をされた人があるとすれば，何とも無念さを禁じ得ません。

　地方自治体の市町村によっては，まだまだ教育・福祉政策の面で，遅れや偏向が温存されているところがあります。誰もが，普通に当り前に，町の一員と

して暮らせるように，当事者の希望にできるかぎり沿って，不自由を周りで支援する共同社会が，どこにでもあることが願いです。これをノーマライゼーションと呼びますが，原始時代や素朴な共同社会では何の不思議もなく，どこでもそうでした。人間社会がやがて，富の奪い合いや，高度に工業化されてゆくにつれ，役に立つ者が重視され，男性が優位に立つにしたがって，障害・病弱者や少数者は脇に追いやられて，肩身が狭くなっていったのです。そして，戦争や動乱があると，たちまち人間の価値づけや序列がはっきりします。エゴがむき出しになり，自分を守り，弱い者の人権を踏みにじり，虫けらのように扱うのです。今日までの人類の愚かな歴史が，もういやというほどこの事実を積み上げてきたのではないでしょうか。それがよいわけではありません。'人間愚かなり'の証拠ですね。

　それからもうひとつ，最近腹立ちのおさまらないことは，物の豊かさに反比例して，心の貧しさと卑しさが目立つことです。卑怯で，卑劣な，ずる賢いおとなが多く，政治，経済，犯罪の世界を支配しており，それをまねた子どもの陰湿さ，しつこさ，悪賢さがいじめとなり，現代の生存競争の縮図となっているのではないでしょうか。子どもというものは，善い行いも悪い行いも，それを評価してくれる周囲の仲間やおとな，あるいはギャラリーと呼ばれる無責任な観客がいると，味をしめて何度も繰り返すものです。善い悪いではなくて，むしろ，周囲の反応の有無や強弱なのです。面白かったかそうでなかったか，スカッとしたかしなかったか，そのとばっちりが自分に来そうかそうではないか，大丈夫と知って，もう止められない，止まらない，となるのです。それがいじめのメカニズムです。こんな悲しいブームは，"春一番"が吹き飛ばしてくれるといいのですが……。正義の味方，セーラームーンやアンパンマンの心をわが子に育みましょう。

5. 雪ん子，泥ん子，ひなたぼっ子

　雪はとても不思議なものです。先日，幼稚園のグラウンドにもたっぷり降りました。子どもたちはびっくりしたり，触ったり，口に入れたりしたことでしょう。

第3章　子どもの発達を願って，親たちに贈るエール　　35

　ちらちらと風に舞っているときは，白い花びらのようであり，小さい蝶々のようにも見えます。軽く可憐（かれん）な感じもします。木々の枝や地面をうっすらと白くすることはあっても，長く留まることもなく消えてしまいます。本当にはかなく淡く，かすかに冷たさを届けてくれますが，こごえさせるほどではありません。妖精のように，赤ん坊のように，無垢で汚れなく，無邪気であどけない感じがします。人の子の赤ん坊の時代はあっという間に過ぎてしまいます。

　小雪，粉雪となりだんだん降り積もっていきます。あたりの景色が白一色となり，見事な雪化粧となります。これはもう自然の魔術といってもいいでしょう。すばらしい超能力のわざといってもいいでしょう。真っ白い綿のように，やわらかいリンネルのように，積もったばかりの雪はふんわりと幼な子の柔肌の感触です。冷たいというよりもぬくもりを覚えることさえあります。しかし，とけてくると少し厄介です。黒い地肌が見えたり，泥やごみの山が露出してきたりします。

　子どもが成長してくれるのはうれしいし楽しみでもあるのですが，雪が消えてぽっかりとあいた穴が必ずしも美しいものとはいえないように，親の望むような姿を見せてくれないときは本当にがっかりします。雪の重みで細枝が折れたり，きれいに咲いていた花々が無残にも花びらを落としこごえてしおれてしまっていることもあります。雪の積もる前の庭の風情が台無しになります。せっかく丹精込めたのに，雪のいたずらを恨みたくもなりますね。人の一生にはこのような思いもかけないどんでん返しや予想はずれやアクシデントがあるものです。

　それでも雪ん子は冬に訪れ，われわれの街に自然に新しいアクセントを与えてくれます。子どもたちは降る雪に歓声をあげ，手や口でとらえようとし，「雪やこんこん，あられやこんこん……」と歌ったりするのです。積もれば雪玉をまるめたり，雪だるまを作ったり，転げまわったり，そり遊びをしたりするのです。そして，あまりいじり続けると手が冷たくなり痛くなるのを知ることもあります。動きまわって熱くなり，ジャンパーやセーターを脱いでしまうと，しばらくしてぐっと寒くなり，そのために風邪をひいてしまうことも経験します。雪ん子がなかなか曲者であることを身をもって知ることになりますね。それでもまた雪ん子がやってくると，前のことも忘れて雪ん子のとりこになっ

てしまうのが子どもっぽさといってもいいでしょう。降るたびに繰り返し，雪ん子は子どもたちにメルヘンを奏でてくれる空からの使者なのかもしれません。

　さて，真っ白い雪もとければ水になります。雪野原もあちこちに水たまりができ，地面はじゅるじゅるになり，歩けば泥はねの場になってしまいます。グラウンドも同じです。泥雪をこね回す子もいれば，どろどろ団子を作ったり，泥だらけになりながらも走り回る子もいます。こうなれば雪も泥も一緒ですね。子どもたちにとっては，白と黒といった色の違いだけかもしれません。先生方や親たちにとっては何とも心中複雑な事態となります。寒くてもグラウンドで思いっきり遊べ遊べとは思うものの，泥んこ遊びで泥ん子になってくれるのは，うれしいと思えばいいのか悲しいと思えばいいのか，はたまた，もっとやれと言えばいいのかもう止めろと言えばいいのか，もう思わず目を伏せたくなりますね。

　泥ん子には温かいシャワーが待っています。きれいに洗ってもらいすっきりした泥ん子の顔には満足感と幸福感があふれ出ているのではないでしょうか。子どもは汚し屋さんです。あまりきれい好きな子どもは歓迎できませんね。なぜならば，遊びが中途半端で不完全燃焼で終わっているきらいがあるからです。手間なことではありますが，遊びの充足感は汗と汚れの程度に比例すると思います。そして，時にはすり傷，切り傷，打ち身のあとも勲章です。子どもはけがをするものと割り切ることも必要です。しかし，大きいけがやもっと痛い目にあわないように，身を守り，体をかばう注意力につながってゆくといいのですが，子どもが幼なければ幼ないほどなかなかそのようにはならず，親の心配は尽きません。まだ，顔や手足，服やズボンが汚れるくらいはどれくらい楽かしれません。

　とはいうものの，最近は病原性大腸菌O-157とか赤痢菌といった新手のばい菌にも油断できませんので，泥ん子や傷っ子もよく洗ってやり消毒してやることが肝心です。バイキンダーやバイキンマンとはバイバイして，ツルンツルン，スベスベになろうね，と手洗いや体洗いに誘うといいですね。泥ん子のあとの処置さえしっかりとすれば後顧の憂いはありません。

　まだまだ寒さの続く2月，3月です。雪の降る日もあれば，風の冷たい日も多いことでしょう。それでも暦は確実に明るい陽の光の方向に向かっています。

幼稚園の南向きの部屋の窓辺にいると，もう春のぬくもりが感じられます。本当にぽかぽかとして，うた寝をしたくなるほどの心地よさですね。それを知っている子どももいて，風が強くて寒い日に，床にごろんごろんと寝そべっていたりします。日向ぼっこをするひなたぼっ子さんです。彼らは太陽の恵みを本能的に知っているのかもしれません。太陽の光が，殺菌や消毒に効果があり，体の骨の発育にとって必要なことをなぜかしら心得ていると思われます。そのひなたぼっ子さんは，グラウンドのブランコや木馬に乗っていたり，また，すべり台や自転車こぎにも余念がありません。太陽と仲良しになる子は元気です。それは，雪ん子，泥ん子，ひなたぼっ子，といずれも自然の中に全身全霊を捧げているからなのです。病気への抵抗力，病気からの回復力，そして，寒さ，暑さ，汚れへの慣れが身につき，遊びの活発さが自分のものとなっているからです。

　暖かいとはいっても，閉め切った部屋では，雪も泥もないし，陽光にも限りがあります。おもちゃも絵本もたくさんあるかもしれませんが，ダイナミックな運動や距離を歩いたり走ったりはできません。子どもたちにとって，お母さん，お父さんが何よりも自然への案内人です。幼稚園にも狭い自然がありますが，もっと広くもっと豊かな自然は，近くの野山や河川敷にあります。どうか今まで以上に，子どもたちと自然遊びを大いに楽しんで下さることを願っています。時はまさに冬から春へと移り行くめばえのときめきがあります。わが子の誕生を間近に控えたあのときのように，また新たなわが子の成長を期待して，心うずかせて野に出ましょう。雪が降れば雪ん子に，泥いじりの好きな子は泥ん子に，お日さんの好きな子はひなたぼっ子にしてあげて，どうかよろしくお付き合い下さい。

　卒園を迎えた子どもたちとお母さんお父さん，新しい門出をお祝い申し上げます。これからも困難は一杯あると思いますが，つらくて心が重いときは，どうか大きい自然の中に入り込んで，叫んで下さい，泣いて下さい，そして，なにくそと思って下さい。都会で傷ついた心を癒すのは自然が一番だと思います。

6. ほうや，一つ一つしてかんなんがや

　この言葉は，私が大学生たちに課したレポートで，自分たちの祖父母にインタヴューしてまとめた聞き語りの伝記（『祖父母の伝記―大学生たちのインタヴューレポート』ナカニシヤ出版，1994年）の中で，あるおばあちゃんが口ぐせのように女子大生の孫に言い聞かせている文句です。人生すべてそうかもしれませんが，特に子育てに至ってはことさらこの言葉があてはまりそうです。これは富山県の方言なまりが入っていますが，関西の私たちにもよくわかる響きがこもっていますね。

　子どもが生まれていろいろなことができるようになり，それにつれて親も世話が複雑になり，体力も気力もますます必要になりますね。おっぱいを飲ませたり，おしめを替えたり，子守歌を歌って寝かせたり，離乳食を与えたりする時期があります。まだ子どもが小さくて，子育てもある程度親のペースに合わせることもできます。その後這い這いができ，つかまり立ち，つたい歩き，よちよち歩きができるようになると，子どもの行動範囲や遊びの幅が広がり，親の望まないこともしてくれたり，親の言うことをきかなかったり，親も相手をすることがだんだん大変になってゆきます。買い物に連れていっての無理難題，遊んだ後のかたづけや寝かせるまでの細々とした世話に疲れ切ることもありますね。本当に365日の積み重ねで，「手塩にかけて育てる」とはよくいったものです。1日1日やわらかいお母さんの手でやさしくもまれて，しっかりとぬか床につけ込まれ，ほどよい塩加減と秘伝の味の漬物ができ上がるのに似て，実に忍耐と辛抱と根気のいる業(わざ)だと思います。しかし，人類の誕生以後，母親たちはそれを繰り返し繰り返し演じてきたのですね。その傍らに配偶者である夫や父親たる男が穏やかに見守り，時に手助けをしてくれるとどれほど母親たちは心強く思うことでしょうか。

　また，子どもに幼いときから発達に何らかの遅れがあると，先に述べた成長の道筋もスムーズにゆかず，ゆるやかであったり，途中で足踏みしたり，さまざまに親の手を焼かせることになります。こうなると「手塩にかける」こともままならず，悲嘆にくれたり，あせったり，放置したり，やさしくもんでやっ

ても手ごたえがなかったりと，気がもめるばかりとなりますね。そうこうするうちに，子どももそれなりに発達し，変化が見えてきます。早く手当てをしてやれば，それだけ早く変化が生じてくるものです。母親の手のぬくもりとやわらかさがじんじんと伝わってゆくのです。子どもにとって，やはり母親との関係が次のステップへの一番の有効打となります。伸びるところを伸ばしてやることです。それを見抜けるのは身近にいる母親であり，次に父親ということになります。世の中を上手に渡っていけなくてもいいのです。その子の足取りで，その子が生き生きとできる姿で人生を送らせてやればいいのです。急ぐことはありません。標準に合わせることもありません。何かその子が夢中になれること，集中できること，親子の思い出になることを積み上げてゆけばいいのです。子育ては「ほうや，一つ一つしてかんなんがや」なのです。

　この春，一つの朗報がありました。「ダウン症の娘は春，大学を卒業―成長の記録，両親が本に」という新聞のコラムを見ました（朝日新聞，1998年1月25日付け朝刊）。それによりますと，鹿児島県のダウン症の女性，岩元綾さん（当時23歳）が，鹿児島女子大学英語英文学科を卒業する見込みだということです。両親は，元中学教師の昭雄さん（当時65歳）と妻の甦子さん（当時59歳）で，綾さんの誕生から障害を乗り越えて大学に入学するまで，2人が協力して綾さんの成長を支えた様子を『走り来れよ，吾子よ―夢紡ぐダウン症児は女子大生』（かもがわ出版，本体1800円）に著しました。

　綾さんは生まれた直後にダウン症と診断されました。綾さんには，胃から腸への出口が小さいという障害もありました。当時はダウン症に関する情報が少なく，両親には「いつまで生きてくれるだろう」との不安がつきまといました。しかし，童謡を聞かせると喜び，絵本を楽しむ綾さんの様子を見て，自然体で育てていこうと決めたそうです。

　地域の小学校に通うようになりましたが，苦手な算数は父親が丁寧に教えてくれました。中学入学後は，ラジオの英語講座も毎日聞くようになりました。綾さんの転機は中学3年のときに訪れました。学校の英語暗唱大会のクラス代表に選ばれ，ローラ・ワイルダーの「大草原の小さな家」をみんなの前で発表し，大きな拍手を受けたのです。これが自信につながったのではないかと，両親は振り返っています。その後入学した県立高校ではいじめにもあったそうで

すが，綾さんは「勉強して，あの人たちに絶対負けないようにするから」と，大学への進学を決めました。

綾さんが自分の障害についてはっきり知らされたのは大学2年のときだったそうです。直後は「事実を受け入れたくなかった」という綾さんでしたが，今では「障害を持っているからといって，負けているわけにはいかない。生きてやろうと思います」と力強く話しています。

今回の本で自分の障害が明らかになるのがつらかったようですが，「いろいろな人に励まされて，何とか乗り越えることができました。多くの人に読んでいただければ光栄です」と綾さんは言います。両親は「私たちは何も特別なことはしていません。子どもたちは，たとえ障害があっても，無限の可能性を持っている。この本で，それをみんなに知ってほしい」と話しています。

あの大江光さんの例もあります。音楽や絵画に親しませたり，また花を育てたり，動物の世話をしたりと，どんどん子どもの世界を広げてあげましょう。

現代は未曾有の時代，不確定性の時代といえます。今までになかったことも起こるのです。奇跡でも神業でもありません。たまたま過去になかっただけです。いろいろな条件で，ありがたくないこともどんどん生じていますが，栄養が豊かになり，音や色を自在に操れるハイテク機器が普及し，子どもの脳への刺激も多重化するにつれ，さまざまな生の展開がみられるようになっています。あの自閉症を克服して，自伝を書き，結婚生活を送っている英国のドナ・ウイリアムズさんはじめ，ダウン症では，今回紹介した綾さんのほか，映画俳優となったベルギーの青年やディスクジョッキーをしている米国の少年など，障害を個人差として自己を表現しているのです。綾さんの父親が述べているように，「無限の可能性」を信じて，諦めずにこつこつと積み重ねていくことでしょう。まことに「一つ一つしてかんなんがや」と思います。

7. 子ごころにピント合わせる育児とは

　　　望　春　譜
春待ち鳥が庭に来て，紅い実ひとつ食べました。
春呼ぶ鳥が木に止まり，震える声で鳴きました。

山には雪がどっさりこ，新芽ひとつも見えないと，
里ではさすがそよ風が，蕾をふっくらふくらます。
春告げ鳥が葉隠れに，椿の蜜を吸いました。
春は名のみの時しばし，もうすぐぽかぽか春陽気。

　お粗末ですが，詩を作りました。御笑謡下さい。
　私はいつも春を待っています。もうそろそろ還暦も近い歳になりましたが，幾つになっても春を待つ思いというものはいつも特別のものがあります。日本では，かつては新年の始まりが文字通り新春とされていましたし，現在では新学期や新年度のスタートがまさに春4月に位置されていることも大きい要因です。春というものは何かを孕（はら）んでいるのですね。いいことであれば言うことなしなのですが，どうしてどうして，悪いこと，がっかりすることもありますから，それはそれでハラハラドキドキの落ち着けない面持ちで1月，2月を過ごすことになります。今が実にその真っ最中というわけです。
　私が勤めている大学でも，本年3月で定年退職される方たちや，他の大学や研究機関に異動される人たちがおられます。その中には親しかった人もいれば，私はまだ丸3年の在職ですので，ほとんど面識のない人もいます。しかし，お名前を見ていると，この退職が第一線からの別離であるといった寂しい思いにとらわれる人と，働き盛りでこれからどんどん活躍の場が広がりそうな発展途上での転職の人と，まったく悲喜こもごもといったところです。皆さんそれぞれ新たな決意で心機一転していただくことを願うばかりですが，心中は何とも複雑なものがあります。冬枯れていくものの哀れ，春芽吹き繁茂してゆくものの華やかさ，この好対照は，栄枯盛衰，浮世の常とはいえ万感胸に迫るものがあります。
　世はまさに新陳代謝の激しい時代でもあります。ここ2，3年の経済界の激動は一体誰が想像したでしょうか。絶対に大丈夫といわれていた大手の金融機関の存立が危うくなったり，消費のメッカであった有名デパートやスーパーマーケット，そして，ホテルといった建物と看板の大きい代物が，今やあえぎあえぎの心もとない存在になっています。よく知られた皆さんも一度は行ったことのある，なじみの老舗（しにせ）がいつ倒産してもおかしくない時代なのです。何が，

誰が，こういった事態を招いているのでしょうか。誰でもなく，ただ一言でいえば，"世紀末の現象"と見るしかないのでしょうか。

「大きいことはいいことだ」とばかりに，強気で拡大を図ってきたさまざまな事業が今やもてあまされる状況です。巨鯨が知らぬ間に迷い込んだ浅瀬でもがいている様，巨象がアスファルト・ジャングルの路地裏の狭い袋小路で右往左往している様，……かつて太古の昔，恐竜たちが滅んでいった自然界の摂理が，巨鯨でも巨象でもない人類の倨傲（おごりたかぶり）さに降りかかってきているのではないでしょうか。

歴史に残る燦然とした巨大遺物は，世界の各地に今も残っています。イースター島のモアイ像，エジプトのピラミッド群，中国の万里の長城，カンボジアのアンコールワットやトム，メキシコのテオテイワカンの太陽と月のピラミッドなどなど，いずれも途方もない人力と年月を要したことと思います。しかし，現在それらを構築した民はもういません。それらにエネルギーを傾注したために民力が衰亡してしまったのでしょう。これは現代人への警告でもあります。1995年の阪神・淡路大震災の悲劇がその一部を垣間見せてくれているのではないでしょうか。さらに，世界中の津々浦々がコンピュータ制御となっている今日，コンピュータが人類の生殺与奪の鍵を握っているといっても過言ではありません。コンピュータのちょっとした狂いで，終末兵器（核ミサイル）のボタンが押されたり，通信網が大混乱を起こしたりして，脆くも世界崩壊の危機が現実化しないとも限りません。脅かす訳ではありませんが，古来尊ばれてきた人類の"英知"が，人類の滅亡を用意する"愚知"として果てる日もありうるということです。

もう少し身近なところで世間を見ますと，あまりにも狭い了見で育ちゆく子どもたちの心を包囲しているために，その窮屈さからの妄動惑乱が生じているのだと思います。養育が"拗育"となり，教育が"狭育"となっています。コンプレックスばかりを抱かせる子育てのために，いじけて拗ねてばかりいる子どもが多くなりました。規則や注文ばかり多い学校の"狭育"のせいで，抑圧された衝動を八つ当たりで発散する子どもが多くなりました。子どもたちはまるで巨大コンピュータの箱の中の無数の部品である半導体のように見えます。無機質の規格化されたシリコンで，もう品質と容量だけが問題のようです。集

積回路をはみ出したり，信号の通過を邪魔したり，阻止する半導体は除去されてしまいます。学校はコンピュータのハードで，先生は技師のようなものです。より上手く，より早く，より大きく，より広く，より遠く，より強く，より長く，より高く，……とプログラム・ソフトである子どもたちを伸ばしてやる使命があるのです。生きものである子どもたちのみずみずしい感性を受けとめ，柔らかくこねてくれる先生や学校は，どれほどあるでしょうか。

　学校というところはやはり競争原理が支配しています。生徒という集団があり，子どもたちに個別性があり能力の差がある以上，優勝劣敗の社会なのです。そこで傷ついても，耐えて，凌いで，やり抜くことも人生の糧となるでしょう。しかし，耐えられなくて，嫌いになって，拒んで，退いても，それはそれで正当な権利の行使なのです。何も遠慮することはありません。やるだけやってだめならば，別の生き方，処世方法を考えればいいのです。窮屈なコンピュータの中に閉じ込められて窒息することはありません。捨てる神（？）あれば，拾う神（？）あり，ともいわれます。暗い玄冬（厳冬）の後には必ず明るい解放の春が，青春がやって来るのです。

　うの花幼稚園を卒園してゆく子どもたち，他の幼稚園や保育園に入園する子どもたち，その親の皆さんの心配や不安はいかばかりかとお察し致します。しかし，時は流れます。上に悲観的ながら述べましたが，世も流れて行きます。その時々に，やってだめなら次を考えればいいのです。子どもの姿をゆったりととらえて，ピントを狭く合わせないで見守りましょう。子育ては厄介なものです。それはそれで諦めて肩の力を抜きましょう。

子ごころにピント合わせる育児とは
　広角レンズでソフトフォーカス！

第4章　発達障害児のための臨床心理学

1. 自傷・攻撃行動の解消指導について

1. はじめに

　発達障害児が示す問題行動はいろいろありますが，なかでも親や保育者を悩ませるものに，執拗な自傷行為と他児への攻撃行動があります。比較的穏やかで無害なものもありますが，多くの場合は危険で，放置しておくと重篤な外傷に至ったり，生命さえ脅かされかねない事態となります。無意味で有害な行為であるからとか，習慣化された悪癖であるからといって，断固禁止したり，拘束して罰を与えて懲らしめても，当座は一時的に効果があるかもしれませんが，再発防止や永続的な解消には至らないことが多いものです。子どもは邪魔をされたと受け取って，人を避けこっそりと巧妙に続ける対抗策を練ったりします。また，せっかく気持ちよく気晴らしをしていたのに，それをさせてもらえなくなったために，情動混乱を起こしたり，落ち着かなくなって別の自傷行為や破壊的・衝動的行動を強めてしまったりすることがよくあります。さらに，それに関わった親や保育者への気持ちも拒否的・防衛的となり，自分の味方を失ったかのように心を閉ざし，頑なで冷やかな視線と表情を投げかけてくることもあります。

　発達障害児の場合，興味や関心の幅が狭く，社会的に孤立していたり，対他者関係が一方向的で，おうおうにして言語によるコミュニケーションがままならず，また，感情表現や衝動のコントロールに未熟さがあるために，動作的に，より単純で，機械的で，感覚的で，特に，触覚的・痛覚的・刺激的な行動を自らや他児に反復するのだろうと考えられます。それがその子なりの遊びだといえばそうかもしれませんが，非常に閉鎖的でやりっぱなしで，周囲との生き生きとした相互作用がないところに不毛さと自己中心性があります。子どもによっては，これがある限り，家庭内ではもちろん，公園や幼稚園・保育園での身

辺処理動作や集団行動を身につけるのが非常に困難だといえるでしょう。こうした子どもたちの自傷行為や攻撃行動により、親を嘆かせ、保育者を困らせていることも事実ですから、今回はこれらの望ましくない行動をいかにして解消させ改善しうるかを考え、一つの対策として心理学の学習理論の応用である「行動分析」技法の立場から、示唆と指導の指針を得たいと思います（野村，1992）。

2. 常同行動としての自傷・攻撃行動

　無目的な動作の繰り返しは、以前から精神異常の共通要素として捉えられてきました。クレペリン（Kraepelin, E.）は、1899年に彼のいう早発性痴呆（精神分裂病）の特徴的症候の一つとして「常同行動」を挙げました。この症候はさらに、神経系に損傷のある人たちや、知能障害のある人たちにも広く共通してみられます。また、常同性は、運動のみならず思考にもあり、反復的行為として目に見えるものから、信念や思考の硬直性のように目に見えないものにまで及びます。それを言い表すことばとして、たとえば、常同行動、固執、保続、強迫行動、あるいは、衝動的行為などが使われます。

　このような反復的行為は、健常な人たちにもみられます。せかせか歩き回る、貧乏揺すり、鼻歌、椅子揺らし、掻き癖、爪嚙み、鼻くそほじくり、髪いじり、考え込み、等々はすべて無用な「常同行動」ですが、誰にでもみられる非病理的なものです。これらは、ときたま、はた迷惑で不快な印象を、近くにいる他者に及ぼすことはあっても、概して無害で自らも傷つくことはありません。ところが、咳ばらい、舌打ち、痰唾吐き、悪言癖、かんしゃく持ち、暴力癖といったものは、常習的となるとやや強迫行動の色合いを強めたり、攻撃的・反社会的行動として黙視できなくなることもあります。このように度を越した「常同行動」となると、情緒障害や性格障害が疑われる問題行動として、治療や矯正処置の対象となるでしょう。

　さて、発達障害児の場合、「常同行動」が多様であるばかりでなく、極めて執拗な形をとることは、自閉性障害児（者）ばかりでなく精神発達遅滞児（者）にもみられます。ある調査によると、精神発達遅滞児（者）の3分の2に頑固な常同行動が観察されたということです。しばしば、常同行動にふけっ

て1日の時間の半分を過ごす者もあったようです。自傷行動としての，自分の手を噛む，頭を床や壁に打ちつける，髪の毛をむしる，といったことがしつこく繰り返されたり，はさみや刃物で身体を傷つけたり，やけどをしたり，ガラスや汚物を口に入れたり飲み込んだり，となると非常に危険な事態を招きかねません。

　また一方，周りの子どもや大人に対して，はっきりとした動機もなく，攻撃的・他害的行動を反復する場合もあります。たとえば，叩いたり，蹴ったり，突き飛ばしたり，物を投げつけたり，噛んだり，唾を吐きかけたり，つねったり，頭突きをしたり，首を締めたり，等々の他者に危害を及ぼす問題行動があります。時には，ふざけ合いや遊びがエスカレートしたもの，他児や大人の妨害・干渉への排除・報復的行動と解されるもの，相手の出方をうかがうための探り行為や挨拶代わりといった体のもの，と判断できるかもしれません。それも最初はその意味や目的があったものの，次第に常同行動化して，ただ状況や場面に対する反射や反応として，繰り返されてしまうものもあるでしょう。しかし，多くは原因や発生機序が不明確なままに，ただたまたま側にいた大人や弱い子どもが被害を受けるといった，まるで通り魔的な行為に映るのです。

　さて，ある種の発達障害児は，なぜ，このように自らを傷つけたり他者に害を与える行動を，手加減なく，際限なく，時には発作的に繰り返すのでしょうか。その一つの機制として考えられることは，痛覚や快中枢の欠落や不全（未発達）が潜んでいるからだろうということです。つまり，自傷行動が反復されるのは，「痛い」とか「不快」とは感じない，何らかの強い感覚刺激への欲求が引き金になっている可能性があります。自閉性障害児やその他のケースに，痛みの感覚が弱っていることがよくあります。よほどの怪我でないと泣かない子どもが多いのです。骨折をしていても，外からは見えないので周りの誰も気づかず，長い間そのまま放置されていても平気だったという子どももいます。一説によると，このような子どもたちには，痛覚を麻痺させる神経伝達物質エンドルフィンの濃度の上昇がみられるといった報告があります（Frith, U., 1989）。自分が痛くないのですから，当然他者の痛みにも鈍感であることは想像に難くありません。そして，相手が泣いたり，怒ったり，制止したり，逃げたりすれば，それがまた刺激となってますますそれを求めて，同じ行動を繰り

返し，強めていくことになるのでしょう。

3. 自傷・攻撃行動の例

うの花養護幼稚園を最近卒園したり，現在在園中の子どもたちのなかで，自傷や攻撃行動を示す事例を次にみていきましょう。どちらかというと，自傷傾向のある子どもは比較的少なく，むしろ，他害傾向が著しいために，園内や家庭の周辺で，攻撃を受ける他児を守るために，親や保育者はいつも油断なく警戒しなければならないといった場合が，非常に多いようです。

（1） **自傷行動** 最近は，あまり過激で正視できないような常同的自傷行動をとる子どもはいません。自閉傾向があり言語表現の乏しい子どもに，時々，頭を壁や家具に打ちつけることや，自分の腕にかみつくことはあるようですが，それもそう頻繁ではないようです。その代わり，自傷行動といえるかどうかわかりませんが，多動性による危険をも顧みない無軌道な行為の結果，怪我をしたり前歯を折ったり（Hちゃん（♂），合田，1992），異食や汚水飲みによって，下痢や嘔吐で苦しむ（Dちゃん（♂），渡辺，1993：Keちゃん（♂），鳥山，1993），といった例がある程度です。

（2） **攻撃行動** このところ，非常に懸念されるのが，わけもなく，不意うちのように，他者に攻撃をしかける子どもが多いことです。時には，仕返しその他の原因らしきことを憶測できる場合もありますが，むしろ，ほとんどは出会いがしらに，反射的に，発作的に，そして，これでもかこれでもかと反復する固執性が顕著です。

たとえば，1991年3月に卒園したM君は特に自閉傾向を示す子どもではありませんでしたが，軽度の精神発達遅滞と情緒の障害があったために，非常に屈折して奇矯な行動をよくとりました。「M君は女の子の髪が好きだった。くくった髪の毛を『しっぽ』といってよく触れたり，頬にくっつけた。それだけでなくその髪を引っぱった。単純にギュッと引っぱることもあったが，いかにも何か恨みでもあるかのように目を据えてこれでもかこれでもかといわんばかりに引っぱることもあった。髪をつかんで女の子を引きずり回すようなこともあった。女の子が視界に入ると髪の毛を引っぱらなければならないものであるかのように行うこともあった」。それで「M君が攻撃的な行動をしたとき相手

の子どもは嫌がり怖がるので保育者はそれを止めるが，止めても止めても全く無駄でM君が攻撃する事と止める事を繰り返すだけであった。……そして保育者のすきをみては髪を引っぱり攻撃的な事をしていた」（長屋，1990）ということです。

また，1992年3月に卒園した自閉性障害児のKeちゃんとYちゃん（いずれも男児）もよく攻撃行動で他児を脅かしました。まず，Keちゃんの問題行動は，高い所に登るのが好き，泥水や汚水を飲む，家の戸や窓のガラスを激しく叩いたり蹴ったりする（ガラスが割れることもある），そして，園の遊戯室の舞台や近所の往来で，年少児や動作の未熟な子どもをみさかいなく，やにわに突き落としたり突き倒したりの危険な行動を繰り返して，一時親や保育者は彼から目を離せませんでした。さらに，Yちゃんは，側にいる他児に八つ当り気味によく噛みついたり（歯形がくっきりと残るほど），弱い子どものパンツをずらしたり，自分より大きい子どもには後ろから近づいて背中をドンと突いたりの，相手のいやがることを性懲りもなく続けました（鳥山，1993）。とにかく，制止してもその時だけの効果しかなく，禁止や説諭を言語的に伝えようとしてもほとんど通じないのですから，非常に対応の難しい常同行動といえます。

その他，1993年3月に卒園したTaちゃん（♂）は，誰彼なしに近づいてはよく足を蹴りました。現在5歳児のMaちゃん（♂）は，視線の定まらない目を投げかけつつ，誰にでも近づきざまいきなり両手でバシバシと叩きます。それに刺激を受けたのか，Koちゃん（♂）もなかなか荒っぽい反撃と攻撃を，気に食わない相手にしつこく加えることがあります。4歳児のAちゃん，Nちゃん，そして，Yuちゃん（いずれも男児）は，若干面白半分のふざけ気味ではありますが，他児や保育者を叩いたり，突いて押したりするので，油断がなりません。

このように，幼い子どもたちの集団の中で，いわば攻撃行動がまた次の攻撃行動を生むといったように，連鎖反応的に周囲を脅かす行動が蔓延している状態では，園での生活の平穏さや快適さが得られず，本来の保育の実を挙げられないだろうと思われます。それでは，このような子どもたちに対してはどのような接し方があるのか，また，その行動をどのように扱えばいいのかを，次に

考えることにしましょう。

4. 自傷・攻撃行動の取扱い方

　人間のさまざまな行動が「学習」（学習とは，経験ないし練習の結果生じる比較的永続的な行動の変化）により獲得されたものであると考えると，社会生活の上で適応的といえない行動の原因としては，次の二つを挙げることができます。つまり，一つは，適切な行動の「学習」が未だ行われていないためということになり，もう一つは，誤った「学習」の結果であると考えられるでしょう。

　たとえば，発達障害児にみられる行動上の問題としては，第一に，排泄・食事・衣服の着脱などの基本的行動から知覚運動的行動や知的行動（言語・思考など）に至るさまざまな適応行動が，未だ獲得されていない点にあり，第二に，自傷・攻撃・破壊・多動などの行動や，極端な引きこもりや不安・恐怖などの情緒的な問題が生じるのは，誤った「学習」により不適切な行動が身についているためだといえるでしょう。

　要するに，第一の問題は，適切な行動の欠如にあり，第二の問題は，誤った行動の「学習」の結果にあると解釈できます。したがって，これらに対する指導や教育の目標は，適切な行動の「学習」と，不適切な行動の「学習」解除ということになります。

　そこで，米国の心理学者スキナー（Skinner, B. F., 1904-1990）の唱えた学習（行動）理論を応用した「行動分析」（behavior analysis）が，発達障害児の問題行動の改善や解消に一つの示唆を与えてくれていますので，それを紹介したいと思います。

　一般に，意図的な行動（オペラント行動，operant behavior）は，その行動の手がかりとなる先行刺激（antecedent stimuli）と，その行動に後続する刺激（consequence stimuli）に規定されます。このように行動を先行刺激と後続刺激と関連させて捉えることを「行動分析する」といいます。このうち，行動に後続して〈よい結果〉を随伴させ，そのことによってその後の行動生起頻度を高める手続きは〈強化〉（reinforcement）と呼ばれ，〈よい結果〉は〈強化子〉（reinforcer）と呼ばれます。子どもの指導で用いうる〈強化子〉には

種々のものがあり，その主なものとして，①食べ物や飲み物，②品物（玩具，装身具，学用品），③活動（子どもの喜ぶ遊び，行事など），④対人的な賞（言語・ジェスチャー・顔面表情による賞賛，頭を撫でる・握手するなどの身体的接触），⑤トークン（ワッペン，シール，マーク，スタンプ，カード）などが挙げられます。ただし，何が〈強化子〉となるかは子どもによって相違し，同じ子どもでもその時の条件によって相違する点に留意することが大切です（河合伊六，（山下他編）1991）。

　さて，適切な行動を育成する（強める，広げる，形成する）場合には，〈正の強化〉（positive reinforcement）の技法が中心となります。たとえば，ある子どもが，これまで一人でははけなかった靴下を途中まで手伝ってもらって一人ではけた直後に，そのことについて賞賛され，その結果その後一人ではこうとするようになったというのは，その一例です。その反対に，叱責や禁止，体罰や無視は〈負の強化〉（negative reinforcement）と呼ばれます。多くの場合，〈正の強化〉では意図した行動を育成しやすいものですが，〈負の強化〉の手続きでは，必ずしもそうなるとは限らないといえそうです。それゆえ，〈正の強化〉の手続きの方が，適用しやすいし，有効であることが多い，といえます。

　たとえば，不適切な行動を除去もしくは低減させる技法として，①いわゆる罰の技法（〈消去〉，〈賞からのタイム・アウト〉，〈加罰〉など），②不適切な行動とは別の行動をすべて強化する技法，③不適切な行動と同時に実行できない行動（拮抗する行動）を強化する技法などがあります。拮抗する行動を強化する技法を用いた一例として，自傷行動の治療に，その行動とは拮抗する行動（たとえば，両手を後ろで組む行動）を〈正の強化〉によって強める教育プログラムを用いて成功した場合があります。しかし，不適切な行動が過度で危険を伴う場合（たとえば，激しい自傷行動や友達への残酷な暴力行為など）には，上述の①〈罰の技法〉を用いることも必要です。そして，その際にも，〈罰の技法〉を単独に用いるのではなく，②や③の〈強化の技法〉を必ず併用することが望ましいといえるでしょう（河合，1991）。

　タイムアウト法とは，オペラント行動の消去手続きのことで，ある行動が自発されてももはや〈正の強化〉刺激が提示されなかったり，または，〈負の強

化〉刺激が撤去されないことです。たとえば，顔面を激しく叩くという自傷行動（オペラント行動）が分析された結果，周囲の関心や同情という〈強化刺激〉によって維持されているということがわかったので，その自傷行動に対して，周囲の人たちが無視するようにしたところ，効果があったということです。

さらに，過剰修正（over-correction）法とは，「散らかし」などの不適切行動が生じた場合，「原状にもどすだけでなく，それ以上の修復を強制的に行わせる」という技法のことです。また，随伴練習（contingent exercise）法とは，攻撃・破壊などの不適切行動が生じた場合，「ただちに一定のペナルティ活動を強制的に実行させる」という技法のことです。いずれの技法も，軽い罰により不適切行動を抑制しようとするものです（小林，1989）。

5. ま と め

このように「行動療法」の立場からの，「行動分析」による「オペラント条件づけ法」は具体的で，有効な行動修正法といえます。子どもは誰でも発達の過程で，しつけというものを〈強化〉されて，身辺の処理動作を獲得し，集団活動の是非をわきまえてゆくものです。通常，子どもに接する親や保育者は，特別にこの「条件づけ法」を採用して，意図的に子どもを〈強化〉しているわけではありません。いわば自然に，当り前のこととして，養育のＡＢＣをただ実行しているだけなのです。ところが，発達障害児のように，「常同行動」としてさまざまな問題行動を執拗に繰り返す子どもには，この当り前の対応が通じない難しさがあるのです。その場合は，やはりある種の構えをとって，断固として，一貫した態度の養・教育方法が必要となるでしょう。

しかし，家庭や幼稚園において，問題行動を示す子どもに，この理論通りに徹底した指導をすることは非常に困難です。日常生活の時間の流れがあり，そのための制約もあり，また，弟妹や他児がいるとその相互作用も微妙に影響を及ぼします。その子ども一人だけに関われば済むことではないのです。やはり，時間をかけて，その子どもの育ちを促進し，見守り，時には緊急の危機介入が必要なことはあるかもしれませんが，平常はじっくりと，そして，基本的にはこの「行動分析」技法を念頭に入れて，指導にあたることでしょう。

多くの場合，自傷や攻撃行動をとる子どもたちは，自分たちに向けられたあ

る種の刺激への反応として，これらの困った行動を学習してしまっているので，彼らにはやり甲斐のあることとして効果的なものとなっているのです。上に挙げた事例でいえば，Dちゃんのごみや園庭に生えている地衣植物を口に入れる異食行動も，今や親や保育者の目を盗んで，巧妙に隠して隠れての駆引きになっていることからもわかります。味覚が未分化で異常であることにもよりますが，それと同時に周囲への注意喚起行動にもなっているのです。大声で制止したり，追いかけて奪い取ったりしても，その場は防げるとしても一時的でしょう。同じように，攻撃行動を示すMaちゃん，Koちゃん，Aちゃん，Nちゃん，そしてYuちゃんの場合も，叩いたり突き飛ばしたりといった行動がすっかり「強化」されてしまい，被害を受けた大人が叱ったり他児や弟妹が泣いたり転んだりすれば，彼らにとってはまさに「効果あり！」というわけで，「常同行動」に定着してしまっているのです。

　自閉性障害児や精神発達遅滞児にはこうした自傷や手荒な攻撃行動がありがちなものと考え，周囲はあまり大騒ぎしないように心がけることでしょう。ことばで叱責したり禁止することも一，二度は必要ですが，感情的にむきになってしつこく繰り返すことは逆効果でしょう。問題行動が不可能になるように，より刺激的な他の遊びや動作に誘う，さりげなく対象を遠ざける，攻撃されそうな子どもの楯となる，そして，なるべく無視して「見て見ぬふり」を装うことが，当面の関わり方でしょう。「常同行動」傾向は発達により消失してゆく可能性がありますし，その内容も易変性があり，決して永続的なものではありません。子どもの心や行動は必ず変わります。もちろん，残念ながら今すぐに変えてやる即効策はありません。あまり，近視眼的に見ないで，気長に子どもの行動の幅を広げてやり，多様な経験を与えてやることが，情緒の安定と社会性の伸展に連なっていくでしょう。そして，子どもたちの好ましい反応や，望ましい変化，明るい表情には，大げさに喜び，賞賛し，子どもたちと快体験を思いっきり共有することでしょう。

〈参考文献〉
　フリス，U．1991　自閉症の謎を解き明かす　富田真紀・清水康夫（訳）　東京書籍

合田美千代　1992　H君と共に―こだわりが強いH君の三年間―　「うの花」の実践記録　第十四集　32-56頁　高槻市立うの花養護幼稚園

小林重雄　1989　行動療法　上里一郎他（監修）　メンタルヘルス・ハンドブック　549-562頁　同朋舎

長屋真理子　1990　攻撃性と不安傾向の強いM君の事例　「うの花」の実践記録　第十二集　47-84頁　高槻市立うの花養護幼稚園

野村東助・伊藤英夫・伊藤良子（編）　1992　自閉症児の言語指導　講座：言語障害児の診断と指導　第5巻　学苑社

鳥山平三　1993　育てあい・発達共生論―育児と療育の社会臨床心理学―　ナカニシヤ出版

渡辺博子　1993　大ちゃんとの1年―いかに彼の心に寄り添うことができただろうか―　「うの花」の実践記録　第十五集　高槻市立うの花養護幼稚園

山下勲・鉢嶺清融（編）　1991　精神発達遅滞児の心理と指導　北大路書房

2. 障害児とその家族

1. はじめに

　この間，3歳児のクラスの母親たちと，家庭での兄弟姉妹関係をどう扱えばよいかについて話し合いました。複数の子どもがあり，そのなかの1人に発達の遅れやつまずきがあったりすると，親の目はどうしても問題のある子どもにゆきがちで，他の子どもがなおざりにされたり，不当にも邪魔者扱いされたりします。その逆もありえますが，そうなるとまさに悲劇ですね。同じ親から生まれた同胞なのに，なぜ親は自分に冷たいのか，なぜ自分に対する時のみ厳しいのか？？？　と，その子はまだ幼い心に差別されている悲しみと辛さを覚えることがあります。親も，そんなことをしてはだめだとわかっているのについついそうなってしまうとか，あるいは，もうまったく無意識のうちにそういう態度をとってしまう，というようにさまざまですが，いずれにしてもわが子の発達の遅れや障害に大きくとらわれ，その他の家族に目が行き届かなくなっている状態で，心に余裕のない証拠でしょう。

　1994年は，「国際家族年」でもありました。"家族"ということばのイメージもいろいろと拡散しつつありますが，ここではそれについての心理学や社会学の論議はひとまず置くとして，家族の中に障害児がいる場合に，親やきょう

だいはどうあるべきかについて考えてみたいと思います。

2. "家族のなかの障害児"

　自らも肢体が不自由の身で長年，障害児の親の教育と集団カウンセリングに携わってきた心理療法家がいます。それは米国のヴェルダ・ハイスラー（Verda Heisler）という人ですが，彼女の集団カウンセリングの実践が『家族のなかの障害児』（1972年刊行，日本語訳は1990年刊行）という書物にまとめられています。

　その本には，彼女の恩師であるヒルガード（Ernst R. Hilgard）という心理学者が次のような序文を寄せています。「子どもが障害をもっているとわかったとき―それは子どもの誕生後間もなくであったり，数年間普通に発達したあとであったりしますが―親にはつらい心理的問題が生じます。この本はこの問題を解決するためのものです。

　障害児をもつ親はこの本を読んで，困難を自分ひとりのものと思わなくなるでしょう。困難はこの国の多くの親が受けとめていることです。障害児をもつ親は子育てを放棄し，自分勝手な日々を送り，夢を失うのでしょうか。また，道に迷い，罪や，時には怨恨の暗い気分に包まれるのでしょうか。そうではありません。親は，すべての人間が尊いと信じながら人生を送ることができ，子どもの幸せと最もふさわしい発達へと導く手だてを見出すことができるのです。このことは，障害児のきょうだいにもあてはまります。親と同様に，きょうだいも障害をもった同胞に，熱い思いと共感を寄せ，一緒に生きてゆくことができるのです。―〈中略〉―

　集団療法に参加した親の報告―それは親自身のことばで語られたものですが―には，学びとるものが多くあります。はじめは内的感情をゆがませ，防衛的だった親の態度が，共通の感情を分かち合い，次第にかわってゆきます。そこでは，ポリアンナのように，すべてのものを善意だけでみる必要はありません。人は，光と影の交差するなかで生きているのです。―〈中略〉―

　この本を読むことによって，障害児をもつ親は，視野を広げるだけでなく，意思の自由さを獲得します。親は，自分と同様にたたかっている多くの親たちと一つになり，共感します。親たちは連帯の感情を強くします。自分自身や子

どもの願いに直面するとき，ひとりではないことをしみじみ感じます。障害をもつ子とその親たちが大きな幸福へと進む方向を，この本は示しています」，とその序文は結ばれています。

　われわれもこれから著者ハイスラーの思いに共感しつつ，彼女の実践の報告をそのままに引用しながら，家族のなかに障害児がいる場合の家庭のあり方を模索してみたいと思います。

3. 親の心に潜む無意識のはたらき

　この本の訳者はタイトルの副題に，「ユング派心理療法家による親への助言」と付け加えていることからもわかるように，著者ハイスラーはわれわれが通常は気付かない無意識的な心の作用を重視しています。

　「『子どもは自分が意識し，思い出すことのできることだけに影響される』というあやまりの信念をもっている人がいます。心的過程には無意識という広い領域があるということの理解がないから，このような信念が生まれるのです。同じようにして，『親は自分の態度や感情を子どもに知らせないならば，子どもはそれらから影響を受けないだろう』という間違った信念も生まれます。実は，最も強力な親と子のつながりは，無意識的，非言語的なものです。子どもは―人間でも動物でも―話されたことばや意識された行動の底流をとらえる直観力を，その本性としてもっているのです。

　『人間は意識によって統制されている』ということを信じたがる人たちがいます。この人たちは無意識の力には大きな影響力があるということを受け入れません。人生は逆説に満ちています。この逆説の真実として，無意識の力を認めることが必要です。この無意識の力を生かすことにより，人は意識と，その意識による統制の可能な領域とを生かすことができるのです」（Heisler，同上書，Pp. 3-4）と述べています。

　さらに，「親のあり方は一般的に家族の問題の大きな原因になっていますが，この親のあり方が障害児と親とのかかわりのなかでも重要です。問題を引きおこす親のあり方には，ナルシズム，拒否，過保護，きょうだいとその子との同一化，親とその子との同一化，不適応感情，マゾヒズム，強迫，不安があります。子どもの障害に反応し，それをとり扱う親の手だてが，親の心的力動，人

生観，自己実現の高さによって決定されるということです。子どもの障害という問題は，人生のさまざまな困難に当面したときと同様に，その親に特徴的です。それは1人ひとりの親に固有な応対のしかたを呼びおこします。この基本的前提から次に引き出されるのは『この特別な人生の困難に直面した親を助ける最善の方法は，個人としての親の活動を援助することである』ということです。親は自分の感情を理解したうえで，子どもの障害という問題に健やかで建設的にかかわることができます。その子は，親が人格発達をして得たものを吸収することでしょう」（同上書，Pp. 4-5）と唱えている点は，どの親も逃れえない状況のなかで個人的な適応の問題に遭遇しており，そこで親への親身なカウンセリング援助が必要であると指摘しているのです。

4. "障害受容"への苦しみ

「典型的な母親は，普通の子どもをもつという夢が失われたことに『落胆』し続けていました。この落胆とともに発生する悲しみ，怒り，恥じらい，罪といった感情が強力に残りました。喪失の感情がはてしなく続き，直視し，それをのりこえるということからはほど遠かったのです。幾年ものあいだ，心のなかで感情が複雑にからみ合いました。拒否感情の否定と反動形成が主な防衛であり，感情をとざし，子どもをしっかり保護するという非現実的な努力が続きました。罪と過保護と恨みのあいだの悪循環がおこり，終わることがありませんでした」(cf. Mowatt, M. H. 1965 "Emotional conflicts of handicapped young adults and their mothers." *Cerebral Palsy Journal*, 26, 4 ; 6-8)。

それゆえに親は障害のある子どもからの分離不安を強く訴えることになるのです。それは多くの場合，心の負担を無意識的に恨めしく思っていることへの罪意識を解決できないことからきているのです。そこで親にたいする真の援助は，感情に光をあて，それを探究する機会を準備し，問題の解決をはかることになります。

「その一つの例として，若い妻のペギーの例があります。夫のマックとこのグループに参加したペギーは，自分の親としての責任は最大に果たしたいと望んでいました。2歳の脳性マヒの娘への混乱した感情を探究するなかで，将来その子が社会的に拒否されるのではないかという恐れが明らかになりました。ペ

ギー自身が親から拒否され，きょうだいと比較して劣った子としてとり扱われてきたと感じていることが明らかになりました。無意識的にペギーは，娘の障害を自分が劣等であることの証明と思いはじめました」(Heisler, 同上書, p. 191)。また，「ダニエルの悲しげな口調は，5歳の脳性マヒの娘をもつということの悲哀だけでなく，人生に落胆していることを表していました。自分は人よりわずかしか祝福を受けていない人間であるかのようでした。娘の障害は自分にすでにわかっていたことの確認のように見えました。彼がこのグループに参加していたあいだ，彼はくりかえし『別の人たちも自分と同じ不幸に会っていると知ったことで，自分がどんなに力づけられたか』と語りました。人びとの温かい支持に励まされ，彼は自分の感情を少し深く眺めることができました。さらに，彼は，男らしさについて自信がなく，悩んでいたことを悟りました。彼には男であることの確立ができていなかったのです。父の弱さと母の強さが，男である自分の不適応感や，失敗するのではないかという恐れに結びついていました。そのことを自覚せずに，ダニエルは娘の障害を自らの男らしさの欠如の証拠と受け止めていました。彼は，娘が障害をもったという事実を冷静に把握し，それについての見通しを十分にもてるようになりました」(同上書, Pp. 192-193)。

これらの例にある親たちは，共通の問題をもっており，障害児をかかえているという共通のきずなで結ばれたグループに参加して，集団心理療法を受けているのです。集団のなかに同じような経験をもつ人がいく人かいるのです。そして，グループでの話し合いがはじまって間もなく，親たちは日常生活の領域を話し合いはじめました。親たちは心のなかへと目を向け，自分の心の動きや情緒的反応を明確にしはじめました。個人としての発達と成長を明白にはじめるにつれて，親と障害をもつ子との関わり方が変化して行きました。

5. 親への療育カウンセリング

「障害児の親として，あなたは人生への特別な挑戦をする機会を贈られています。親であることは，人間のはたらきのなかで最も基本的で重要なものです。人間としてのあなたのすべては，あなたの子どもとの関係のなかにあらわれ，子どもを育てる方法のなかにあらわれます。

これらのことに，親であることによるよろこびと満足がつけ加わります。ただし，さまざまな問題と情緒的ストレスもさけることができません。乳幼児期は子どもの人格形成を左右するという知識が一般に知られていますが，この知識が親にとって負担になることがあります。つまり今日の親は，自分が子どもの心の破壊の原因になるかもしれないと心配しすぎたり，子どもとかかわることに恐れを抱いていたりするのです。親の罪業感と批難されるのではないかという恐怖は，ほとんど全国に広がっているのです。それはひどすぎます。心理学の進歩を建設的に利用し，親を援助するための真の手段とするべきではないでしょうか」（同上書，Pp. 36-37）。

　しかし，「障害をもたない子どもの親なら遭遇しない多くの問題に，あなたは直面します。あなたの子どもの人生への適応は，障害によって複雑になり，困難になっています。あなたの忍耐と辛抱は，終わりのない毎日の身体的な世話によって緊張の極限になるのです。子どもに入浴させること，衣服を着せること，食物を与えることは，これから先の普通の健康な身体発達を期待している若い母親にとってたのしい活動です。しかしやがて，これらのことができる年齢になって子どもがひとりでできないで，子どもの身体発達の期待が不確かであいまいになるとき，同じ行為がたのしみにならないで，わずらわしくなります。

　あなたはさらに，子どもの障害の評価と治療のために，医療や福祉の機関を訪れることに時間とエネルギーを要求されます。あなたは子どもの様子を好奇の目で見る見知らぬ人たちに狼狽し，子どもが社会的に受け入れられるかどうかを心配することでしょう」（同上書，Pp. 40-41）。

　「障害児の親としてあなたは，歓迎しない現実を受け入れるという挑戦に直面します。あなたはまず，第一に人間であること，次に障害児の親であることを承認しなければなりません。ことばをかえれば，障害児の親としてあなたが背負う特別な困難にどんなに上手に対応できるかは，あなたの人間性，あなたの人生全般への対応の方法にかかわっているのです（同上書，Pp. 44-45）。

　「子どもは障害のゆえに，あなたより一層多く挑戦しなければなりません。あなたよりさらに複雑で直接的な挑戦に，子どもは直面するはずです。生きることのなかで，障害の制約を受けた人間として，子どもは発達の可能性をため

すのです。そのたたかう子どもを支持し、承認することが、あなたの用意できるもっとも尊い贈り物です」（同上書, p.47）。

6. "過保護"と"強制"は子どもを伸ばさない

ある栄養素の欠乏した2歳以下の子どもに、食べ物を自由に選択させる実験の結果、子どもに自由に選ばれた食べ物は、その子に欠乏している栄養素を補うものだったことがわかりました。人間の生体機能には生来的に、無意識性の知恵があります。子どもは、自分のなかに健康な自己方向付けへの潜在力をもっています。子どもの潜在力が抑止されたり破壊されたりしないで育てられるならば、植物が花を咲かすように自然に成長するはずです。

子どもの潜在力を育てることが重要です。ごくごく育ちやすい植物でも、必要な環境条件なしには花を開かないことでしょう。養育にさいして、親は子どものなかに準備されている潜在力を育てているのであり、親の責任はその潜在力を開花させることにあります。

「他方、親たちは、子どもの潜在力の開花を阻止することによって有害になります。障害児の発達を阻害する親の最も典型的な方法には、過保護と強制の2つのものがあります。これらは親の態度の相反する両極であり、共通していることがあります。子どもの過保護も強制も、子どもの内的資質への親の信頼が欠如していることの反映です。過保護も強制も、ともに子どもが自分の資質を発見し、発達させることを困難にします。

もしもあなたが子どもに保護的であるならば、あなたは子どもをうしろから抱きかかえ、子どもの自発性、勇気をふるいたたせることを妨害します。他方、もしもあなたが子どもを強制しすぎるならば、自ら動機づける機会を奪い、子どもの自発性を妨害します。実際に、あなたが子どもを強制しすぎるとき、あなたは子どもを自分の思いどおりに動かし、子ども自身の動機づけを減退させるのです。あなたは、あなたの支配にたいする子どもの抵抗を引きおこします。子どもには自己方向付けへの権利にたいする本能的欲求があります。子どもは親に言われて事がらを実行することよりも、親の支配に抵抗することを一層重視するのです」（同上書, p.133）。

ところが、「統制しすぎの方向へとすすむ親の態度として、所有物として子

どもをみるという傾向があります。障害をもつ子を愛し，その子のために多くの時間とエネルギーを費やす母親にとって，その子には絶対に自分が必要であるという感情，また，その子の持ち主であるという感情に陥ることは容易です。子どもが必要とする特別なものを与えるために，母親は必要とされていることに深い満足を感じなければなりません。必要とされていると思う気持ちは不健康ではありません。逆に，それはこの世界でなされる奉仕の根底にある建設的欲求です。しかし，もしそれが無意識的で過剰であるとき―すべての欲求がそうですが―その結果は破壊的です。このことがおこるとき，持ち主であるという感情がクモの糸のように子どもをがんじがらめにし，分離への可能性をさまたげます」（同上書，Pp. 149-150）。

　障害児の場合，その障害ゆえに親に対する強い依存性があり，そこで親の心のなかに子どもを所有し，統制するという無意識的願望が強く残ることがあります。このような依存性は，障害をもたない子どもの場合ならば発揮できないような力を親に与えます。親は無意識的に，所有と力の感覚をたのしむのです。この親の傾向が無意識的に残るならば，障害をもつ子どもはその犠牲になることがあります。子どもの親離れではなく，親の子離れの困難さが問題を招くのです。

7. 障害児とそのきょうだい

　京都市内の心身障害児の母親らでつくる「障害児のホームヘルプサービスをつくる会」はこのほど，障害児家庭を対象に生活介護についてのアンケート調査を行いました。その結果，障害児の介護はほとんど母親が負担しており，母親の病気などの緊急時や買い物などの日常生活で介護人派遣制度（ホームヘルプサービス）が必要とされている実態が明らかになりました。

　同会は1993年11月に結成されました。高齢者対象のホームヘルプサービスはありますが，障害児には「重度障害児緊急一時保護事業」という制度があるだけで，利用者も低所得世帯に限られるなど不十分だとして，障害児対象のホームヘルプサービスの導入を求めて活動しています。

　アンケート調査は就学前の障害児がいる家庭を中心に実施しました。270家庭中，195家庭から回答がありました。調査結果によると，対象家庭は核家族

（77.5％）で，父親だけが働いている家庭（77.4％）が多数を占めました。母親の病気などの緊急時の家事や子どもの世話をするのは「父親」に並んで「無理に母親が」という答えがほぼ同数あり，障害児の介護はほとんど母親が負担していることがわかりました。

また，障害児介護はかた時も目を離せないことから，回答者の半数が「障害児に手がかかりきょうだいにかまってやれない。何かと我慢させることも多く，学校行事も参加できない」ときょうだいに関する悩みを訴えています。

こうしたことから，ホームヘルプサービスがあれば利用したい時は，「病気の時の子どもの世話」がトップで，「息抜き」「きょうだいの学校行事」「長時間の買物」などが続きました。利用したい回数は年2－3回が3割，月1回以上が半数を占め，緊急時だけでなく日常的に障害児介護の手助けが求められている実態が明らかになりました（以上，京都新聞1994年8月13日朝刊より）。

さて，ハイスラーの主宰する集団療法の場で，若い母親のジルは，きわめて開放的にグループメンバーに，長い苦闘の生活を物語りました。10歳になった一番上の娘ドリスは，体幹装具で完全装備し，三脚杖の助けをかりて，歩行できたのでした。彼女の右の腕と手には重い障害があり，ことばの発音は困難でした。ドリスが年をとるにつれて，年下の2人の妹にかける時間の制限が明白になってゆきました。ドリスのからだも，とても重くなっていました。

「私はドリスの世話をするために2人の下の子どもを見捨てなければならず，そのことを私は好みませんでした。私はほんとうに上の子にかかりきりました。最初，私は心からドリスの世話をしました。彼女を幸福にするために，あらゆることをしました。ある日のこと，こうしていることで別の子どもたちを無視しているのに気付きました。私は自分に問いかけ，ドリスも2人の妹たちも同じように育てようと決めました。ところが，私はドリスを憎悪するようになりました。決断できないとき，私は混乱しました。2人の子どもが私とどこかへ行きたいと望んだとき，ドリスを連れて行くことはできませんでした。わかるでしょう。私はドリスを車に乗せることができませんでした。ドリスが家にいる以上，私は2人の子どもを家にとどめておいたのでした。そして，ある日のことでした。私は夫と泣き叫ぶドリスを家において，2人の子どもを連れて家を出ました。ドリスが私たちを邪魔しているように思え，それが憎らしかった

のです。ところが，彼女を見捨てたその日―ドリスはヒバリみたいにたのしそうでした。そのことに私は混乱しました」とジルは語りました。しかし，この出来事がドリスとの関係の転換点となり，ジルはドリスを以前のようには恨まなくなりました。

　わが子の"障害認知"から"障害受容"に至る道のりは決して平担ではないことは以前にも述べましたが（鳥山，1991，1994），それだけに親は障害のある子に過度に思い入れをしがちです。うの花幼稚園に通園する子どもの家庭にも次のような例があります。

　最初の子どもは健常児だったのですが，2番目の子どもはダウン症候群の子として生まれました。それゆえに，特に母親はひどく打ちのめされ，そのショックからなかなか立ち直れませんでした。その後，徐々に気持ちも落ち着いて，ダウン症候群について詳しく医者に尋ねたり，専門書を片っ端から読むようになりました。そして，早期治療の成否がその後の発達を左右すると知って，わが子を連れて，ダウン症候群の治療や訓練を専門的に行っている療育園や相談機関を訪ねまわりました。その間，上の子は女の子でしたが，夫に託したり，実家に預けたりしていました。ふと気が付くと，長女は父親にはよくついて身体接触を求めるのに，母親である自分には遠慮して近寄らなくなっていたのです。その長女もまだ幼稚園児ですが，よく気が付いて母親代わりに弟の世話もし，自分の身の回りのこともちゃんとできるいい子なのです。しかし，「お父さんは私のもの」と言って，弟が父親に甘えたり遊んでもらっていると，父親と弟の間に割って入って，弟を押しのけるのだそうです。それを目撃すると，母親はむかっとして長女を非難したい気持ちになりがちでした。

　長男がうの花幼稚園に入園して，最初の母親面接の折りに，親子関係は公平平等が望ましいという助言を受けました。長女は問題なく大きくなるけれども，長男は将来を考えると可哀そうだからできる限りのことをしてやりたいという親心に，差別の意識などないと言って，すぐには母親も納得できずきょとんとしていました。その後も半信半疑で，特に長女への態度を変えることもなかったそうです。そして，しばらくたったある日，幼稚園から帰った長女が園で覚えた折り紙をやり出したので，ふーんなかなか上手に折るものだと，感心しつつ母親自身も興味が出てきて一緒に折り出したそうです。すると，長女は得意

になり次々と上手に折り続けるので、母親はついうれしくなり心から誉めたそうです。やがて長女は少し折り疲れて、まだ折り続けている母親とおしゃべりしているうちに、すーと母親の方に身を寄せて来て、母親にもたれかかったそうです。長女の体はややこわばった感じだったそうですが、母親としては長男の誕生以後、長女の方から身体接触を求めて来たことはなかったので、本当にうれしかった、と同時に、本当に済まなかったと思ったそうです。長女はずっと我慢をしていたのがわかり、母親は目頭が熱くなったと語っていました。

　きょうだいの関係というものは微妙です。姉であったり兄であるというだけで我慢させられたり、ほったらかしにされたのでは、弟や妹を恨みたくなります。それでかまってほしいとばかりに、赤ちゃんもどりの退行行動が生じるのです。逆に、弟や妹であることで軽んじられる場合もあれば、女の子である男の子であるということで大事にしてもらえないこともあるかもしれません。上の例のように、きょうだいの1人に障害があったり、親の都合や事情で、つい扱い方に差が出ることがあります。それでもうまく行っている期間はあります。しかし、必ずや他のきょうだいの心のどこかに疑いや怒り、悲しみや寂しさが潜んでいると考えてください。遅かれ早かれ、わだかまった思いが表面化する時が来るでしょう。子どもは親を選べないのです。1人の子どもにかかわる気持ちを、形は変えても、他の残りの子どもにも注ぐべきなのです。

8. 親ごころの裏表

　障害をもっていてもいなくても、過保護にすることは必要な援助ではないのです。「親が怨恨の感情をもつのは、障害児にたいしてだけではありません。毎日の生活には、明るさと暗さがあります。ゆれ動く感情、怒りの感情、恨みの感情は、愛情と混ざり合っています。もしも親の子どもへの怨恨感情が頻繁で、深く、強くなるならば、親はこの感情をもつことに罪悪感をもち、それを抑圧するでしょう。感情が抑圧されるときはいつも、反対の態度となってあらわれるものです。こうして、親の罪悪感は過保護として表現されるのです。子どもにたいする愛を証明するかのように、親は子どもを欲求不満や不幸から守ろうと試みるでしょう。このことは、自らの内的強さを発見する機会を子どもから奪います。欲求不満に耐えることは、内的な強さのために重要です。人生

はすべての人に欲求不満をもたらします。そしてそれへの耐性は，人に発達の機会と，目標の成就の機会を用意するのです。

　人がある欲求不満で獲得した内的適応は，次の欲求不満をのりこえるための貴重な体験になります。内的な強さは，次におこる問題を建設的に取り扱うことを可能にすることでしょう。こうして，欲求不満の経験は，それにどのように対応するかによって，人を強くも弱くもするのです。それは子どもにも大人にもあてはまります。欲求不満を体験しないように保護され，それを処理する手段を発展させる機会にめぐまれず，いつまでたっても強くなれないことがあります。このような条件のもとでは，子どもの内なるものは，強化されるよりもむしろ脆弱化されます。子どもの内なるものを強くすることが，親の養育の目標であるべきです」(Heisler，同上書，Pp. 50-53)。

9. ノーマライゼーション

　「障害をもつ子の特別の制約や特別の要求にたいして，分離された学級が用意されることがあります。このような分離された学級のある学校組織は，障害児にとって有益です。このような学級のない公立学校では，障害児が受け入れられないことがあります。このような学級のなかで，障害をもつ子は，特別に訓練されている熟練した教師から学習します。公立学校がこのような特別なプログラムを準備するということは，もっと賞賛されるべきであり，また，このようなプログラムの開発は，さらに奨励されなければなりません。

　しかし，親として，その教育だけでは十分ではないということを思いおこしてください。障害児のための特殊学級に出席するあなたの子どもにとって不利益なことの1つは，もしも普通学級に出席するならば獲得するはずの，障害をもたない仲間との豊かな関係をもてないということです。子どもは特殊学級のなかで，障害をもった他の子どもたちとの貴重で意味深い友情を発展させますが，一方で，障害をもたない子どもたちとの友情もまた必要であり，あなたはそのための方策を見出すためにつとめるべきでしょう。かかわりのないところに，友情は育ちません」(同上書，Pp. 142-143)。

　ある子どもたちが，障害をもった子を受容するまでには時間のかかることがあります。このことについてグループに参加している1人の父親から印象的な

話をききました。

　彼の10歳になる知的には問題のない脳性マヒの息子のケンは，さまざまな種類の障害をもつ子たちの養護学校に通っていました。ある日の午後，ケンは普通学校の校庭で母親の迎えを待っていました。母親が校庭にまさに入ろうとした時，ケンは見知らぬ子どもたちの集団からののしられていました。母親は息子を守るためにとび出したい衝動をかろうじて抑えました。彼女はケンと一緒になった時尋ねました。
　「あんな扱いを受けて，どうしてじっとしていたの？」
　ケンはあっさりと答えました。
　「僕，彼らが僕に慣れるのを待っていたんだ」
　このように，「ケンの単純な返事のなかに，自然な知恵がありました。人間に真実であるのは，自分と異なる者と親密になるには時間がかかるということです。どのような文化のなかでも，人は親しいものにひかれ，未知であったり，奇妙にみえたりするものに不快を感じます。いろいろな体験や雑多な人々との関係で，客観的な視野が広まるにつれて，人は見知らぬもの，目新しいものに恐れを感じなくなります」（同上書，p. 139）。
　「障害をもたない子たちの集団のなかでは，障害をもつ子は不可避的に傷つくことになります。親として，子どもを傷つくことから守りたいとあなたは強く望むでしょう。障害をもつ子どもは，自分のできない遊びを他の子がたのしむのを見て，欲求不満と苦痛に見舞われるでしょう。それだけでなく，他の子どもたちからの厳しい注目によっても傷つけられます。子どもは非常に残酷であるという，昔からの決まり文句があります。普通の子どもの集団のなかで，障害をもつ子どもはこの残酷さの標的になります。しかし普通の子どもたちのグループから分離され，締め出される苦痛に比べるとき，この種の苦痛の被害は軽いといえます。
　この種の被害からあなたの子どもを守ることについて，くりかえしますが，あなたは冷淡であったり，無情であったり，気むずかしく振舞ってはいけません。子どもがこの種の被害をあなたに訴えたとき，子どもが傷ついたこと，子どもが涙を流したことについて，共感的理解を示してください。その子が降伏したり，引きこもったりすることなしに，生活に必要な内的強靱さを発達させ

るために最も重要なことが，この共感的理解なのです。あなたの情緒的支持がないとき，子どもは自分の障害を受け入れられないものと感じるでしょう。あなたの支持を受けるとき，他の子どもたちが障害をもっているからと自分を拒否するのは，その子たちに制約があり，彼らには援助の必要があると理解するでしょう。

この集団療法に参加した親たちの1人は，障害児の親として自分たちは，人生でこのような問題をかかえていない人びとを教育する責任があるとのべました。あなたはこの責任を分かち合い，障害をもつ子を援助できます。人生では感受性をとぎすますということを体験します。この感受性が冷静さによって調整されるとき，それがあなたへの貴重な贈り物となります。もしもあなたが障害をもつ子の感情に敏感になり，内的発達を支持するとき，子どもは強さと冷静さを獲得してゆくでしょう」（同上書，Pp. 140-141）。

10. 障害児・者とその家族の QOL

ランデスマンとブッタフィルド（Landesman, S. and Butterfield, E. C. 1987 " Normalization and deinstitutionalization of mentally retarded individuals -Controversy and facts-." *American Psychologist*, Pp. 809-816.）「知的障害をもつ人のノーマライゼーションと脱施設化—論争と事実」（1987年）によると，"ノーマライゼーション"の原理は，知的障害をもつ人が普通の文化的活動や場所で生活すればするほど，QOL を高めることになるという命題に基づく，人間サービスのイデオロギーだということです。その理念が知的障害をもつ人に適用されれば，脱施設化や知的障害をもつ人の地域生活が可能になります。

ところで，QOL とは，"Quality of Life"，つまり「生活の質」「生命の質」，あるいは，「くらしの質」のことです。ノーマライゼーションの原理と実践的な深まりによって新たに提起されることになった原理が QOL の概念なのです。この QOL の概念こそが，ノーマライゼーションの原理をさらに発展・深化される有力な概念となるだろうと考えられています（三谷，1994）。

脱施設化やノーマライゼーションの理念を支持する人たちの主張によれば，知的障害をもつ人たちの地域生活は，社会的統合を現実させる上で複雑かつ危

険な問題を生起させることを承知しながらも，それでもノーマライゼーションが必要であり，地域生活は彼らの QOL をより高め，人権を保障することになることを疑わないのです。

一方，脱施設化やノーマライゼーションの反対者は，保護的，治療的，快適な環境での生活，また，きめこまかな配慮による訓練，行き届いた健康管理システム下での生活が地域生活以上に必要なことを強調しています。

たとえば，ジーグラーらは施設を次のような理由により再評価すべきであると述べています（Zigler, E., Hodapp, R. M. and Edison, M. R. 1990 "From theory to practice in the care and education of mentally retarded individuals." *American Journal on Mental Retardation*, 95, 1, Pp. 234-239.）。

(1)施設は生涯にわたって知的障害をもつ児・者へのサービス提供ネットワークの中心になれる。

(2)将来，知的障害をもつ人々のなかで仕事に携わる人を訓練する場を提供できる。

(3)知的障害をもつ児・者が全日，生活の場として長期間にわたって利用できる。

ところが，一方，このジーグラーらの論調に理解を示しながらも，ノーマライゼーションの原理は依然として深化・発展させるべき課題であり，可能な限り推進すべき現代の潮流であるとする見解もあります。要約すると，

(イ)ジーグラーはノーマライゼーションの原理を狭く解釈している。場所の問題にすり変えてはならず，統合教育は，知的障害をもつ児・者のみならず，まわりの人々にも大きな影響を与え，真の統合・交流・理解がなされる期待がもてる。

(ロ)ノーマライゼーションの理念が，知的障害をもつ人々の権利を擁護する価値観である限り，その価値観が実現されるよう努力することこそが重要ではないか。

(ハ)少しでも知的障害児・者の人権，自由や平等を拡張する方向に向けた挑戦はされるに値するのではないか。

したがって，結局，

(ニ)知的障害をもつ人々の QOL の向上こそが真の目標である，となります。

現状ではまだまだノーマライゼーションの普及にも心許ないものがあります。

ジーグラーの言うように，障害が重度であったり，児・者が年長になればなるほど，必要な介護が得られないところから，保護された生活や労働の場としての施設の整備も大切なことでしょう。しかし，誰もが皆同じ人間なのです。祖父母がいたり，親がいたり，きょうだいがいたり，近所の人たちがまわりにいるのです。家族がひとつの集団の単位とすると，みんなそろっていつも共に暮らしているのが家族なのです。

　今から百数十年前のように，組織された学校や企業などがなかった時代では，わざわざ"ノーマライゼーション"などと叫ぶ必要もなく，男女や貴賤の別はあったものの，家柄や家業に基づいて，障害児・者も家族に包み込まれ，人手もあったので世話を受けつつ，生きる場は生家や近隣にあったものです。少なくとも，親きょうだいや地域から隔離され分断されることはなかったでしょう。

　不当な扱いを受けた障害児・者も少なくなかったと思われますが，家族同士や近隣同士でいつも顔を合わせ，お互いの健康や安全，養育やしつけ，生産や労働，といった面で助け合い，ともどもに生を見つめ合ったことでしょう。つまり，村や町の共同社会に，素朴で穏やかな QOL の向上と実現があったのです。

　障害の治療法も療育理論もなかったゆえに，罰があたったと信心に救いを求める人や諦めてほったらかしにする親もあったでしょうが，家族の1人として自然に身近に接しつつ，自分や残された家族の QOL を高めるために，親や年長者はなりわいにいそしんだものでしょう。そして，きょうだいも同胞の弱さとかけひきのなさに戸惑いながらも，自分はしっかりしなければと擁護者にもなり，自立する気概に奮い立ち QOL を高くしたのではないでしょうか。

　世話のやける者や邪魔者を排除して残りの者がいくら QOL を高めても，内心は後ろめたいだけでしょう。その後ろめたさを抱えつつも，現代はある種の障害児・者や高齢者を施設や病院に託さざるをえないのです。これは条件つきの QOL の共有といえるでしょう。しかし，社会的弱者の QOL は強者の余りでしかないのです。"家族という幻想"しかないといわれる今日ですが，弱者が真に安んじ QOL を発展させうるのは，家族の中であってほしいと思います。

〈参考文献〉

Heisler, V. 1972 *A Handicapped Child In The Family. A Guide for Parents.* The Psychological Corporation. Orlando, Florida, U.S.A.（稲浪正充訳 1990年『家族のなかの障害児：ユング派心理療法家による親への助言』ミネルヴァ書房）

京都新聞 1994年8月13日朝刊「障害児介護 大半は母親に」

三谷嘉明（編著） 1994 発達障害をもつ高齢者とQOL：21世紀の福祉をめざして 明治図書

鳥山平三 1991 発達障害児のための社会心理学（その3）―親の生きがい感について― うの花実践記録 第13集 Pp. 1-16.

鳥山平三 1994 社会臨床心理学（伊吹山太郎（監修）『現代の心理学―研究の動向と展開―』有斐閣 Pp. 69-81）

3. 自閉性障害児の思春期・青年期

　高槻市立うの花養護幼稚園には，毎年3歳から5歳までの在園児のなかに必ず自閉傾向の強い子どもが何人かいます。自閉症は，WHO（世界保健機構）の医学上の国際疾病分類基準であるICD-9や最新のICD-10，米国精神医学会の診断統計マニュアルであるDSM-III-Rや最新のDSM-IVにおいて，広汎性発達障害（pervasive developmental disorder）と規定されているように，子どもの心身機能のさまざまな側面に発達の遅れや歪みが生じて，養育や教育の面において対応の非常に困難な症状を呈するものとなっています。そのような子どもの将来は，従って，決して良好な展望ができるものではありません。「生命的予後については，青年期に入っても事故死がもっとも多い死因として報告されている。しかしながら，寿命は一般人口より短いとはいえず，少なくとも両親の生きている間は，同じように生き続ける可能性がある。

　社会適応からみた予後は楽観できない。仕事に就いて，自分で独立して生きていかれる状態の転帰をとるものはだいたい20％以下である。わずかな助けでなんとか自立した生活を営める状態のものもまた20％以下である。これに対して，独立した生活ができず，施設に入ったり，人の助けを大幅に借りなければいけない者は半数から70％に及んでいる」（太田，1992）ということです。その点に鑑み，園内での懇談会の席で，自閉症児の母親から「この子が学校に

行くようになったらどうなるのでしょう？」といった疑問を投げかけられましたので，今回はその件について考えてみたいと思います。

1. 自閉症の症状

　自閉症は幼児期，通常は3歳ごろまでに発症すると考えられています。そして，基本的には次の3つの主要症状で定義される行動症候群であります。すなわち，①社会的相互交渉の質的障害，②言語と非言語性コミュニケーション機能の質的障害，③行動や関心および活動の限局的，反復的，常同的なパターン，を示すということです。さらに，これ以外にも比較的特異的な行動異常を伴うことが多いとされています（太田，1992）。

　先にも挙げた ICD-10 による自閉症の診断基準は，次頁の表 4-1 のようになります。この診断基準を満たせば，その子どもは臨床的に自閉症と診断がつくということです。

2. 自閉症の早期診断の再検討

　（1）　3歳前における自閉症の偽陽性例　　横浜市総合リハビリテーションセンター（YRC と略す）における自験例が紹介されていますが，自閉症の確定診断の難しさがよくわかります。

　「近年，自閉症の早期診断に対する関心が高まっている。しかし，自閉症の3歳児前の症状を専門家が前方視的に直接観察する機会が少ないのが現状である。わが国では，1歳6カ月児健康診査を基盤とした自閉症の早期発見・早期療育システムが整備されつつある。YRC においても地域保健所と発達障害児の早期発見―早期治療のための緊密なネットワークが形成されている。このシステムのもとで YRC には，1～2歳台より自閉症が疑われ経過観察される例が蓄積されてきた。専門家が直接観察した1～2歳台の臨床像を詳細に検討することにより，自閉症の早期徴候について理解が深まることが期待される。
　〈中略〉
　今回は，スクリーニングの後に一度はわれわれが自閉症と早期診断したが，その後の経過観察の結果，確定診断では自閉症を含め広汎性発達障害のカテゴリーからも，また精神遅滞のカテゴリーからも外れた症例，つまり自閉症の早

表 4-1　自閉症の診断基準（ICD-10より）

A．3歳以前から現れる発達の異常または障害の存在。通常は明らかな正常発達の前駆期はないが，あったとしても，正常発達期は3歳を越えない。3歳以前の機能の遅滞および／または障害は（たとえその時点で気づかれようと気づかれまいと），次の領域のうちの少なくとも1領域に認められることを要する。
（1）社会的コミュニケーションに使われる受容性言語および／または表出性言語。
（2）選択的な社会的愛着の発達および／または相互的社会関係の発達。
（3）機能的遊びおよび／または象徴的遊び。
B．社会的相互関係における質的な障害（診断には5項目のうち，少なくとも3項目）。
（1）社会的相互関係を調整するために視線・表情・姿勢・身振りなどを，適切に用いることができないこと。
（2）（豊富な機会があるにもかかわらず，精神年齢に相応して），興味・活動・情緒を相互に分かち合う友人関係を十分に発展させることができないこと。
（3）ストレスや苦悩に直面したとき，快感や情愛を得るために他者を探したり求めたりすることが稀であること，および／または他者が苦悩や不幸感を示すとき，慰めや情愛を与えないこと。
（4）他者の幸せについてその人の身になって喜びを分かちあうことができず，および／または他者と一緒になり，共通の喜びを自発的に表せないこと。
（5）他者の示す情緒への異常あるいは偏倚した反応で示されるような，社会的情緒的相互関係の欠如，および／または社会的状況に応じた行動の調整の欠如，および／または社会的・情緒的なコミュニケーション行動における統合性の弱さ。
C．コミュニケーションにおける質的障害（診断には5項目のうち，少なくとも2項）。
（1）話しことばの発達遅滞は全般的欠如。それは，コミュニケーションの代替的な方法としての，身振りやパントマイムを使って補おうとする試みをも伴わない（喃語によるコミュニケーションの欠如が先行していることが多い）。
（2）他者とのコミュニケーションに対する相互的な反応として，会話によるやりとりを開始したり継続したりしていくことが相対的にできない（如何なるレベルの言語能力が存在していても）。
（3）常同的反復的なことばの使用および／または特有な単語や文節のいいまわし。
（4）会話のピッチ・強さ・速度・リズム・抑揚における異常。
（5）様々な自発的なごっこ遊び，または（若年であれば）社会的模倣遊びの欠如。
D．行動や関心および活動の限局的，反復的，常同的パターン（診断には6項目のうち，少なくとも2項）。
（1）関心が常同的かつ限局的なパターンを特徴とした没頭であること。
（2）通常にはみられない対象への特殊な愛着。
（3）特異な非機能的な日常の手順や，形式的なまたは儀式的なものに対する，明らかに強迫的な執着。
（4）手や指をひらひらさせたり絡ませたり，または身体全体を使った複雑な動作などといった常同的・反復的な奇異な運動。
（5）遊具の局所的な部分や非機能的な要素へのこだわり（それらが出す匂い・感触・雑音・振動などのようなもの）。
（6）周囲の些細で非機能的な変化に対する苦痛。
E．その臨床像は次のものによらない。即ち，広汎性発達障害の亜型，二次的な社会的情緒的障害を伴う受容性言語障害，反応性愛着障害または脱抑制型愛着障害，何らかの情緒ないし行動障害を伴う精神遅滞，通常より早期に発症した分裂病，レット症候群である。

期診断の偽陽性例について検討した」(本田ほか，1995)，として次のような症例が報告されています。

「症　例：1歳頃から親が自閉症を疑い，保健所の健診でもスクリーニングされ，1歳7カ月のときにYRCを受診した。初診時は，未発語であるのみならずjoint attention行動などの前言語的コミュニケーションもほとんど出現していない，視線が合いにくく人とかかわろうとしない，特定のコップやマークへの異常な執着，頭を床に打ちつける常同行動など，この時点でICD-10の小児自閉症の診断基準を満たしていた。しかし，2歳3カ月で母親への甘え，後追いおよび同胞との模倣遊びを楽しむ行動が出現したころから，社会的相互交渉やコミュニケーション能力のめざましい変化が見られた。一方，限局されたものへの固執は，バーコードや特定のおもちゃへの強い興味から文字，数字，非常口，標識へと加齢と共に内容の変化はみられながらも残存し，常同行動も断続的にみられていたが，これらも3歳台前半の間に徐々に減少し，3歳6カ月頃にはほとんど消失した。3歳9カ月の現在は，自閉症のみならず他の発達障害にも一切該当せず，知的にも正常である（IQ 100，田中ビネー式）。

考　察：われわれは，この症例に代表されるような以下の特徴を満たす一群の子どもたちを"一過性幼児自閉症（Transient Infantile Autism；以下，TIAと略す）"と定義する。(1) 3歳前に自閉症のfull syndromeを形成すること，(2) 2～3歳を境に自閉症状は消褪傾向となり，以後もこの傾向が持続すること，(3)幼児期のうちに広汎性発達障害や精神遅滞のカテゴリーからもはずれてしまうこと。

少数ながらTIAは，その存在が直接の行動観察のなかで確認された。確定診断については，本症例のように一切の発達障害が否定されるものもあるが，多動性障害や特異的発達障害のカテゴリーの問題が残存するものもいる。TIAの存在は，自閉症の早期診断や発症過程を考えるための示唆を与えるであろう」(本田ほか，1995)，ということになります。

この報告に対する討論の場で，著者は「TIAの発現メカニズムのprimaryな原因は心因や環境因ではないと感じている。自閉症状の発現・消褪の時期と脳の成熟過程との間に関係があるのではないかと推察する」と述べています。その場の司会を勤めている杉山登志郎のコメントにもありますが，「臨床では

3歳までは確定診断を保留させてほしいと両親に告げるようにしている」という点は妥当な示唆であると思います。私もかつてかかわっていた早期療育教室の3歳未満の子どもや幼稚園の年少児の中に，この TIA と思われる自閉症状が大幅に消失していった適切な療育による発達改善例を少なからず見てきましたので，今後とも注目すべき療育現場における事実であろうと思います。

（2） 自閉症にみられる折れ線現象と長期予後について　　自閉症のなかで発症前に正常ないし正常に近い発達をとげていたにもかかわらず，幼児期早期に発語の消失とともに外界への関心の消褪など発達全般にわたって退行的変化をもたらす折れ線型自閉症（Knick 群という）は，自閉症全体のおよそ3分の1存在するとされ，その特異的な発達経過から ICD-9 の崩壊性精神病（disintegrative psychosis）との類似性も指摘されています。

この Knick 群が自閉症のなかで特異的な一群を形成しうるものか否かを判断するためには，彼らの長期予後を検討することがその障害の性質を知る上からも非常に重要な手掛かりとなる，という観点から小林（1993）は自閉症児追跡調査結果をもとに Knick 群の思春期・青年期に及ぶ長期予後に関する問題を扱っています。

その調査対象は，幼児期の発達歴が詳細に把握できた179例（男／女；151／28）に限定したということです。対象の臨床診断は全例 DSM-III-R（1987）の自閉性障害の診断基準に合致していました。途中死亡した3例を除いた対象の調査時年齢は最年少18.0歳，最年長33.2歳，平均年齢21.9歳（±3.2）歳でした。179例の初診時年齢は平均6.1（±2.6）歳で，死亡の3例を除く対象の追跡期間は6.5年から28.4年に分布し，平均15.8（±3.9）年でした。

さて，調査の結果ですが，179例の中で Knick 群は53例（29.6％）となっています。性別の内訳では，男性42例（27.8％）女性11例（39.3％）と割合としては女性群の方が高いようですが，統計的には有意差はありませんでした。

○　Knick 群53例の折れ線現象の発現時期をみると，1歳未満がわずか3例，1歳から2歳までの間が最も多く25例，ついで2歳から3歳まで17例，3歳以上では8例ということです。なお，1歳未満の3例はすべて女性で，当

時発語は認められなかったが，それまで良好な発達経過をたどっていたにもかかわらず，ある心理社会的要因としての life event(s) を契機に外の世界への関心が薄れ，発達全般に退行的変化がみられたそうです。

○　折れ線現象の契機となった life event(s) が存在していたと思われるのは 53 例中 20 例（37.7％）でした。life event(s) としては，具体的に母親の何らかの理由（入院，看護，仕事など）による不在（4 例），同胞の出生（2 例），転居（4 例）といった生活環境の変化がほぼ半数を占めていました。その他には，高熱（2 例），仮性コレラ（2 例）や腸重積などの子ども自身の重篤な身体疾患，さらには電気コードを嚙んだために感電したという珍しいエピソードもみられたそうです。

○　就学時の知能水準は主にビネー式または Wechsler 式知能検査によって測定されていますが，IQ 50 前後で比較すると，Knick 群は非 Knick 群に比して有意に低かったということです。

○　就学時言語発達水準は，Knick 群で Very good, Good といった良好以上のものが 53 例中 7 例（13.2％）に対して，非 Knick 群では 125 例中 26 例（20.8％）みられ，Knick 群の方が有意に低い結果が出ています。

○　てんかんの発症は全調査対象 168 例（不明 11 例を除く）中 33 例に認められ，てんかんの有病率は 19.6％でした。それを折れ線現象の有無でみると，Knick 群 31.3％（15／48），非 Knick 群 15.0％（18／120）で，Knick 群の方が有意に高い割合を示しています。

○　現在の言語発達水準をみると，良好以上（Very good, Good）が Knick 群で 31.4％（16／51），非 Knick 群で 53.6％（67／125）となり，やはり Knick 群の方が有意に低いことがわかりました。

○　最後に，現在の適応水準を比較すると，良好以上が knick 群で 19.6％（10／51），非 Knick 群で 28.0％（35／125）となり，傾向としては Knick 群の方が幾分悪いものの，統計的には有意な差がありませんでした。ちなみに，適応が「良好以上」とは，就労（就学）ができていて，特に人の手を借りず，ほぼ一人で普通の生活ができていることを示しています。

幼児期に折れ線現象を呈する自閉症は一般に予後不良なものが多いとされてきましたが，ここまでの小林の調査の結果からみると，やはり Knick 群の知

的発達は非 Knick 群に比してより不良で，てんかんの発症の割合がより高率にみられるなど，Knick 群は器質因の関与がより強いことを示唆しています。しかし，適応面の予後までをも決定づけるほどではなかったことから，Knick 群の発達経過の特異性を指摘することはできても，全般的な長期予後をも強く規定するものではないことがわかりました。

そして，折れ線現象の誘因には心理社会的要因がからんでいることも少なくないことから，折れ線現象に対する早期の治療的介入を通して，その発現のメカニズムを解明していくことが今後の重要な課題であろう，と小林は述べています。

（註：「崩壊精神病」とは，生後数年間は正常か正常に近い発達をして，その後，社会的能力およびことばを失い，それとともに情緒や行動，そして対人関係の重篤な障害を呈する疾患である。通常このことばおよび社会的能力の喪失は，数カ月にわたって生じ，多動および常同行動の出現を伴う。大部分の例では知的な障害があるが，これはこの疾患に必ず伴うものではない。この状態は，麻疹脳炎などの明らかな脳病変の後に生じることもあるが，明らかな脳器質疾患ないしは脳障害が存在しなくても生じることがある。また，ICD-10 では，「崩壊性障害（disintegrative disorder）」として，診断基準が設けられている）。

3. 自閉症児の思春期・青年期

自閉症児が前思春期から思春期にかけての発達課題を乗り越えるには特有の困難があります。学童期・思春期以降の自閉症児・者の発達に伴う問題行動や治療教育的対応が，近年の自閉症研究の重要なテーマとなっており，彼らが時に示す精神病様症状に関心が高まりつつあります。幼稚園を終えて，小学校・中学校，さらには上級学校へと進んだり，青年期を迎えた彼らがどのような社会適応上の問題を呈するものであるかを，次にさまざまな症例報告のなかからみていこうと思います。

（1） 青年期における自閉症児の精神障害　①思春期前後の精神遅滞を伴う自閉症児にどのような精神障害が発症するのか，②それは自閉症を伴わない精神遅滞児と比較して，何らかの特徴がみられるか，③精神障害の種類は，合

併する知能障害の程度にどのような影響を受けるか，④診断上，治療上の特別な要件は何か，を明らかにするために行われた調査（神尾，1994）の結果は次の通りでした。

調査対象は，京都市内の3つの精神遅滞児の中等部および高等部の養護学校に在籍した，12歳から18歳までの生徒540名（男子336名，女子204名）でした。

(1)自閉症群は男子117名，女子31名の計148名（男女比＝約4：1）いました。そのうち思春期前後に発症した合併精神障害は，11名（男子7名，女子4名）にみられました。全員が，中度より重い発達遅滞を伴っていました。障害の内訳は，攻撃的行動4名，自傷行動4名，感情障害2名，強迫性障害2名，常同運動障害1名ということでした。

(2)非自閉症群は男子219名，女子173名の計392名（男女比＝約1：1）のうち，合併精神障害は28名（男子18名，女子10名）にみられました。発達の程度の分布は，境界線級から最重度精神遅滞にまで及んでいました。そして，障害の内訳は，攻撃的行動8名，自傷行動4名，感情障害7名，精神分裂病3名，分裂感情障害1名，強迫性障害2名，トゥレット障害1名，転換性障害1名，行為障害1名，選択緘黙3名，遺糞・遺尿1名，遷延抑うつ反応を伴う適応障害1名でした。

自閉症群と非自閉症群とで，思春期前後に発症する合併精神障害の発症率に関しては，自閉症群7.4％，非自閉症群7.1％とほとんど違いはみられませんでしたが，障害の種類に関しては，自閉症群では，非自閉症群と比較してヴァリエーションに乏しく，非自閉症群にみられた分裂病圏の障害や対人関係の葛藤が重要な誘因と考えられる情動および行為の障害はみられませんでした。両群で最も多かった診断は，攻撃的行動や自傷行動でしたが，症状の経過や治療への反応などより，この一群が異質な精神病理のサブグループから成り立っている可能性が推測されます。

使用して効果のあった薬物としては，たとえば自閉症で中度の知恵遅れを伴っていて，特定の家族に対する攻撃的行動が出てきたものに対しては Carbamazepine がやや有効であったし，強迫性障害が出てきた子どもには Carbamazepine とか clomipramine を使ったそうです。最重度の自閉症で活動性

がはっきり周期性の変動のある子どもには，炭酸リチウムと Carbamazepine と pimozide が用いられました。そして，重度の知恵遅れで攻撃的行動，自傷行動がある子どもには haloperidol がやや有効でした。重度の自閉症で周期は不明であったが，月経周期の時にひどくなるという攻撃的行動を示した女子に対しては，haloperidol とブロムクリプチンなどを使用しています。最重度の自閉症の周期のはっきりしない攻撃的行動にも haloperidol を使うことが多いようです。

（2）　療育相談からみた思春期の自閉症圏の問題点と家族のニーズ　　自閉症および近縁の発達障害は知的な発達の遅れと対人関係の障害に加えて，行動上の異常を伴いやすく，家庭，学校，社会で不適応状態に陥ることが多いものです。特に，思春期には一部に自閉症特有の異常行動の増悪や精神病的な状態を呈することがあります。

　ここでは，家族への援助の一環として自閉症協会で行っている親への療育相談の場でみられる，思春期のケースをまとめることにより，①思春期の自閉症圏の子どもの特徴と問題点，②家族の訴えや悩みの実態および家族のニーズ，③自閉症などの発達障害への治療・教育および社会的な援助のあり方，の3点が明らかにされています（永井ほか，1995）。

　この研究の対象は，思春期に相応する13歳から18歳までの60ケース（男子54，女子6）で，ほとんどが自閉症圏と思われる子どもたちでした。

　(1)思春期での相談内容は，激しいパニックや強いきまり，他害，自傷など，自閉症の非特異的な異常行動が多くを占めるとともに，登校拒否や強迫様症状，神経症様症状などの思春期の精神障害的状態の訴えも少なからずありました。このような問題行動に親はいかに対処したらよいかという相談が全数の87％を占めていました。

　なお，ここでいう「強迫様症状」とは，自閉症に一般にみられる「こだわり行動」とは区別して用いられています。すなわち，「強迫（行為）様症状」とは，繰り返し手洗いをする，ドアの所に何回も行き来する，洋服を何回も着たり脱いだりするなど，次の行動になかなか移れないような行動を指しています。

　(2)パニックを主訴とするケースのうち，経過の概略をつかめた10症例を親の訴えから検討したところ，異常行動の増悪は，思春期にある個体側の要因に

加えて，認知・情緒の発達および耐性力を無視した強い働きかけが重要な関連要因の一つとなっていることが推察されました。

(3) この60ケースでは，食事，排泄，洗面，着脱などは大部分の者が自立しており，刃物や火などの危険も70％は分かると答えていました。

(4) 相談の家族は，子どもの生活の質（QOL）の向上といった観点は乏しく，人生を長期的な視点から考える余裕がないように思われました。

(5) 関係する専門機関からみると，医療機関への通院は45％で多くは薬のためであり，療育・相談機関への通所は20％と低いものでした。自閉症などの発達障害の問題に関して，専門機関が十分な役割を果たしているとはいえず，体制も乏しいことが問題点として指摘されています。

おそらく学校の現場では社会に出る準備として適応行動を身につけさせようとする意図が強く，時に強すぎる指導になることが考えられるが，自閉症の子どもは割合に高い年齢まで発達する可能性があるので，将来的な見通しをもって治療・教育をしていく必要があります。

（3） **適応の改善と同時に見られる自閉症児童・青年の抑うつについて**　自閉症の青年に時としてうつ病や感情病に属する状態が認められることがあります。また，これほどまでに治療を必要とする病理的な状態でなくとも，社会的に良好な適応を示す自閉症児童・青年が抑うつ的であることは時に経験するところです。さらに，問題行動を多発させていた自閉症児童・青年が，社会的な適応行動が向上し，問題行動がみられなくなるのと同時に，それに置き変わるようにして抑うつ的な状態を呈することがしばしばあります。ここでは，この症状を巡って行われた調査に基づき，その意味について論じています（杉山ほか，1995）。

このような行動の変化を示した症例は9歳から19歳の計10例（男子8名，女子2名）でした。これらの自閉症児・者の知的障害のレベルは軽度以上の比較的認知能力の高いグループでした。2例を除き，上記のような変化は11-12歳の小学校高学年に集中していました。彼らの大半は多動傾向を伴い，また強い過敏性が認められ，パニックや問題行動が多発していました。すなわち，ウイング（Wing et al., 1979）の自閉症児・者の対人相互関係の類型に従えば，全例が「積極的しかし奇異（active but odd）型」に属する症例でありました。

その彼らが急速に落ち着き，社会的適応と従命行動が著しく向上しました。しかし，同時に一見元気がなくなり母親の側にいたがることが多くなり，叱責に対して容易に泣くようになりました。またこれまでみられなかった悲哀の表出を示した児童もいました。そして，このような変化が数カ月から数年も続く例が多かったのです。

さて，この場合，同時に認められる対人関係の変化をみると，従命行動の向上と，養育者への依存の強化が特徴であり，母親との間の愛着行動の強化とみなしうると考えられます。このような抑うつは愛着の形成に伴って自閉症児童・青年に生じた見捨てられ不安および依存抑うつではないかという可能性が示唆されます。これらの症例において愛着行動の発達を調べてみると，4歳頃には呼名反応や再会反応がすでに成立していたが，多動行動や過敏性を有するために問題行動が絶えず，一方通行的な弱い愛着の形成に留まっていたものと考えられます。青年期に入る直前にみられる注意の転導性の改善と多動傾向の減少に伴い，この時点で養育者との間に強い愛着が形成され，同時に見捨てられ不安に伴う抑うつを呈したものと考えられます。言い換えると，対人関係の類型でいえば，「積極的しかし奇異型」から「受動（passive）型」への移行期にみられる現象であると思われます。

このような機序を考えると，さらに自立に向かって対人関係が発達してゆくためには，養育者の拒絶的な対応は好ましくなく，共感的な態度により不安が軽減され，内的な統合が進むことが必要であると考えられます。事実，良好な経過を示した症例においては，1—2年を経て，元気の回復と依存傾向の減少をみることができたということです。

4. 自閉症における社会的障害の見直し

人への関心が非常に乏しく，場面に即応した社会的な働きかけをすすんで行ったり，社会的な刺激への応答性が広汎に欠けている，というのが自閉症の特徴であるといわれています。しかし，これも年齢などの発達経過に伴って，また，場面の性質や対する相手によって，相当違ったものに変わることが知られてきました（野村，1992）。

ウイングら（1979）は，ロンドンのある地区で行った調査研究から，自閉症

の対人相互関係の障害には3つの型があることを発見しました。

(1)「孤立（isolated）型」：通常は自分の世界に閉じ込もり，周りの人からの誘いや話しかけに反応しません。食べ物や飲物を要求する時とか，「高い高い」などのお気に入りの感覚運動的な遊びをしてもらう時以外は，ほとんど人に注意を向けません。いわゆる自閉的引きこもりの典型です。

(2)「受動（passive）型」：自分からは周りの人にあまり働きかけることはしませんが，人から働きかけられればさほど嫌がらずに受け入れ，言われるままに，なされるままに従います。日課的な決まったことであれば，他児とも同席してやりとりをしたり，言いなりになっておとなしくしています。パニックを起こすことや攻撃的な行動をとることもなく，側にいても安全なタイプです。

(3)「積極的しかし奇異（active but odd）型」：周囲の人に関わりを求めてどんどん接近して行きますが，紋切り型の質問をしつこく浴びせたり，自分が興味のある事柄だけを話題にしてしゃべりかけたりして，一方的で勝手きままであるといった傾向があります。周りからすると非常に奇異で，どう相手をしていいのかわからなかったり，時には迷惑で煩わしいこととなります。

この調査では，7歳以下の自閉的な子どもの約半数が「孤立型」で，残りの子どもは「受動型」と「積極的しかし奇異型」が半々だったそうです。しかし，その後の追跡によりますと，かなりの子どもが発達に伴って，「孤立型」から「受動型」へ，「受動型」から「積極的しかし奇異型」へと移行し，その逆はほとんどなかったそうです（Lord, C., 1984）。これでわかりますが，社会的応答性の欠如はどの自閉症児にもあてはまるわけではなく，むしろ相互に行き交う関係（やりとり関係）の質的障害であるということです。

従って，自閉症児によっては周囲のおとなや子どもたちが，うまく相手をしてくれてやりとり関係に導き入れてくれれば，状況次第ではそれなりに応答的に振舞うことができるようです。それでストレインら（Strain, P. et al., 1979）は，4人の自閉症児のグループに健常児を入れて仲良く遊ぶように励ましたところ，自閉症児に好ましい社会的行動が増えたことを報告しています。それはたとえば玩具を一緒に使うとか，手を握ったり抱きしめたりとか，あるいは，協同作業の開始や続行を促す発声を他児にかける，などといったものでした。まさにここに集団としての療育と教育の重要なポイントがあるように思います。

いわゆる共感性の欠如は、自閉症の社会的障害の中核をなすものです。高機能自閉症（high functioning autism）児といわれる、ある程度のアカデミック・スキルを持つ自閉症児においてもなお最後まで課題として残る欠陥です。共感とは、他人の立場に立ってみて、その人が何を考えどう思っているか、また状況をどう見ているかを、客観的に察知することです。感情移入とか、以心伝心とかいわれるように、対人関係や社会的相互交渉がスムーズに成り立つためには、この心を通わせる共感の能力がなくてはならないものなのです。従って、これが欠けると周囲の人々との相互的対人関係が非常に困難となります。

カナー（Kanner, L.）がいみじくも自閉症は「人間関係を形成する生得的な能力」の障害と指摘したように、乳幼児期において母子間に情動的な共感関係が成立していないことから、周囲の人々や子どもとの間にも共感関係を持てないままでいるのです。療育の場では、母子の情動的交流遊びによるコミュニケーション行動の発達を促すことが必要です。母子遊びにおいて母親の働きかけのぎこちなさをほぐしてやれば、柔軟さも増し、安定した共感関係へと導いてやることもできるでしょう。自閉症児のコミュニケーション障害をもたらす発達的前提の一つとして、愛着対象の形成の不全がよく論じられますが、これも遊びにおける快的情動の量を多く保障することにより、情動的交流に比例して愛着も進展すると考えられます。しかし、ここで注意しておきたいことは、母子の間に豊かな情動的交流関係が十分に育まれないままでも、周囲の特定の人々に対して愛着行動らしきものが観察されることがありますが、これではその後の交流の幅が広がっていかないのです。やはり、コミュニケーションの発達にとって、重要な役割を果たすのは、母親・父親といった養育者と子どもとの情動的・相互的なやりとりの成立にあるということです。愛着関係はその結果として形成される社会的関係の一つの側面であると考えねばなりません。その意味で、まずは母親のみならず父親などの主たる養育者と、次いで療育機関などの指導者と、子どもとの間で情動的・相互的交流関係の成立を促し、発展させることこそ最も根本的な教育目標といえるでしょう（伊藤, 1992）。

このように、自閉症児の思春期・青年期の姿を占う重要な要因の一つに社会的共感性をどれだけ発達させているかがあります。話はそれますが、これは何も自閉症児だけの問題ではありません。最近の小・中・高校生、あるいは、短

大・大学生といった若者のなかにも，この共感性の非常に乏しい，周囲の人との情動的交流という意味では感度の鈍い，また，言語的コミュニケーションという面でもことばの通りが悪い人が増えつつあります。やはり，これは幼児期以来の物との交流（？）はうまくとも人間とのやりとりはまずいといった社会化不良の証拠でしょう。早い段階からの父親・母親といった養育者との遊びという快的な交流の不足によると考えられます。さらに，幼稚園・保育園，そして，学校での情動的・相互的なやりとりの希薄さがそれに拍車をかけているのでしょう。事は深刻です。自閉症児・者のみならず，心身に不自由さのあるあらゆる人々，老人，少数外国人，その他の社会的弱者といわれる人たちへの共感性がおそまつのままだと，世は殺伐としたものになるでしょう。その意味でも言い古されたことばですが，まさに「この子らを世の光に！」なのです。上述のストレインら（1979）の試みも賢明なものですが，できる限り健常児・障害児の枠をはずし，一方は社会的共感性の広がりを，もう一方はその修得の訓練を，同一の集団のなかで実現できることを願いたいものです。そして，親も教師も，もっともっと子どもたちと快的情動交流を交わすスキル（技能）を磨いてほしいものです。現代の子どもや若者の風潮の原因は彼らにはなく，遊び下手な親や教師にあると思うからです。さらに，社会教育が世間の人々のおおようさ，寛大さ，そして，共感性を豊かにしてくれれば，かなりの数の自閉症児をはじめ知的障害児たちの思春期・青年期の修学や訓練や就職が保障されると思います。その社会の成熟度は，その社会の成員の他者への共感能力と関数関係にあります。共感のない社会では共感性は育たないと肝に命じておくべきでしょう。

〈参考文献〉

本田秀夫・清水康夫・三隅輝見子・鮫島奈緒美　1995　自閉症の早期診断の再検討—その２．３歳前における自閉症の偽陽性例を通じて—　児童青年精神医学とその近接領域，**36**(1)，Pp. 33-34.

伊藤良子　1992　遊びを通した自閉症児のコミュニケーション指導（野村東助ほか編　講座　言語障害児の診断と指導　第５巻　自閉症児の言語指導）学苑社　Pp. 129-158.

神尾陽子・石坂好樹・越本武志・岡本慶子・村松陽子・高木隆郎　1994　青年期における自閉症児の精神障害　児童青年精神医学とその近接領域，**35**(1)，Pp. 67-69.

小林隆児　1993　自閉症にみられる折れ線現象と長期予後について　児童青年精神医学とその近接領域，**34**(3)，Pp. 239-248.

Lord, C. 1984 Development of peer relation in children with autism. In F. Morrison, C. Lord, & D. Keating, (Eds.), *Applied Developmental Psychology*, 1 Academic Press. New York. Pp. 166-230.

永井洋子・金生由紀子・太田昌孝・須田初枝　1995　療育相談からみた思春期の自閉症圏の問題点と家族のニーズ　児童青年精神医学とその近接領域，**36**(1)，Pp. 37-38.

野村東助　1992　自閉症における社会的障害（野村東助ほか編　講座　言語障害児の診断と指導　第5巻　自閉症児の言語指導）学苑社　Pp. 21-50.

太田昌孝　1992　表象機能と自閉症（野村東助ほか編　講座　言語障害児の診断と指導　第5巻　自閉症児の言語指導）学苑社　Pp.21-50.

Strain, P., Kerr, M. & Ragland, E. 1979 Effects of peer-mediated social initiations and prompting/reinforcement procedures on the social behavior of autistic children. *J. of Autism and Developmental Disorders*, **9**, Pp. 41-54.

杉山登志郎・高橋脩　1995　適応の改善と同時に見られる自閉症児童・青年の抑うつについて―現況・治療・予後を含む状態像―　児童青年精神医学とその近接領域，**36**(1)，Pp. 1-2.

Wing, L. & Gould, J. 1979 Severe impairments of social interaction and associated abnormalities in chirdren : Epidemiology and classification. *J. of Autism and Developmental Disorders*, **9**, Pp. 11-29.

4. 発達障害児の心理療法

1. は じ め に

　発達障害児への心理療法（Psychotherapy，精神療法ともいう）というものが可能なのでしょうか。たとえば，重度の精神遅滞児を精神療法の対象とした精神科医高橋（1974）の学会での発表に対して，「あえて精神療法とか治療と呼ぶべきものではなく，指導や訓練と考えればいいことだ」，「この発表には治療というようなものはみられない」というような批判が多かったそうです。

　一方，「早期幼児自閉症」概念を発表したカナー（Kanner, L., 1943）が，「自閉症には明らかな脳の器質性障害や遺伝的要因の存在が認められず，両親に特有な心理学的問題が認められる」と唱えたために，自閉症の原因を心理学的な側面から究明しようとしてさまざまな試みがなされました。この心因論が主流となっていた1960年代の中頃までは，当然のごとく，遊戯療法やカウンセリングが盛んに行われました。ところが，まさにコペルニクス的回転ともいうべきラター（Rutter, M., 1968）の「言語／認知障害仮説」が発表されると，自閉症の心因論は急速に色褪せ，生物学的原因論が台頭し始めました。その結果，遊戯療法を中心とする心理療法的アプローチのみでは，自閉症の改善が認められ難いことが知られるようになり，治療・指導の方向づけは大きく変わって，行動療法や感覚統合療法の適用へと，さらに，新しい薬物療法の試みへと，今や様変わりを呈しています。

　しかしながら，オランダのドーセン（Dosen, A., 1990）も指摘しているように，精神遅滞の人々が，情報処理機構の障害に基づく環境との不適応のなかで，いかにストレスに曝され，抑鬱状態に陥っているかを理解し，優しく接することが大切であり，それが心理療法的アプローチの基本となるということです。そして，山崎ら（1995）も述べているように，たとえ発達障害は改善の可能性が少なく，心理療法の対象とは考え難いととらえる人が多いとしても，心理療法の技法や治療構造の問題を越えて，自閉症や発達障害の人々がどのような心の世界に生きているのかを知ろうとする努力は，心理療法の対象となる多様なクライエント（client，来談者）や精神障害者の心の世界を理解するための貴

重な手がかりを与えてくれないとも限らないということです。

2. 発達障害の分類

　精神医学の体系的な診断分類の中に「発達障害」が明確に位置づけられたのは最近のことです。1980年にアメリカ精神医学会が公刊したDSM-Ⅲ（精神障害の診断・統計マニュアル）において，初めて「発達障害」（Developmental Disorders）という概念が明確な形で取り上げられました。すなわち，精神遅滞（mental retardation），広汎性発達障害（pervasive developmental disorders），そして，特異的発達障害（specific developmental disorders）を包括するものとして規定されたのです。さらに，1987年に公刊されたDSM-Ⅲ-R（第Ⅲ版の改訂版，1987）では，下位分類についての具体的な記載がなされました。

　「発達障害」の基本的な特徴は，認知・言語・運動・社会的技能における著しい障害であるとし，それぞれ次のような特性があるものとして分類されました。
(1) 精神遅滞は，「全般的な遅れ」（general delay），
(2) 広汎性発達障害（自閉症）は，「多様な領域における発達の質的な歪み」（distortion），
(3) 特異的発達障害（その代表は，学習障害）は，「特定の技能領域の獲得の遅れ，または，失敗」（disability）

ということになります。

　一方，世界保健機関（WHO）の疾病分類ICD-10（1992）では，「精神遅滞」と「発達障害」が並列的に位置づけられており，「発達障害」には，話し言葉と言語の特異的発達障害，学習技能の特異的発達障害，運動機能の特異的発達障害，混合型特異的発達障害，そして，広汎性発達障害といった分類がなされています。その場合，「発達障害」に共通するものとして，
① 発症時期が幼児期か小児期である，
② 中枢神経系の生物学的成熟に密接に関連した機能発達の障害，もしくは遅滞である，
③ 寛解と再燃をともなわない安定した経過を示す，

といった 3 項目が挙げられています。

3. 心理療法の実践と方法

（1）　精神遅滞　　1980 年代以前には，精神遅滞児に対する心理療法は，ほとんど注目されていませんでした。精神障害はあまり認められず，精神障害と診断されることもありませんでした。そして，行動上の問題に対する治療は，行動の修正と向精神薬による治療が主体となっていました。1980 年代になって，幾人かの精神力動的な方向性を持った心理療法家たち（たとえば，精神分析家）が，精神遅滞の人たちに有効な心理療法を試み始めました。しかし，それも軽度の精神遅滞の人たちに対してのみ有効であると考えました。一方，他の立場の専門家たちは，精神遅滞児において知能が低いということだけでは心理療法の対象とするための障害にならないと主張しました。

　これらの専門家たちによれば，心理療法の適用を決定するのは，知的要因ではなく暖かい支持的な関係に反応することのできる能力の有無によるというものでした。しかし，発達的なアプローチを生み出したドーセン（1984）たちの経験によると，心理療法の適用を決定するのは，知能のレベルでもなく，かかわりを持つことのできる能力でもないということです。唯一の重要な要因は，子どもの持つ発達欲求ということになります。

　さて，ここに至るまでの経緯を述べることにします。初期の精神分析的な概念によって，精神遅滞の人たちの精神病理学的な現象を十分に説明することは困難であることがわかってきました。そこで新しい自我心理学あるいは自己心理学の人たち（たとえば，Spitz, R., Bowlby, J. や Mahler, M. ほか）は，精神遅滞の人たちの特異的な問題を理解するための道筋を提供しました。

　中枢神経系に器質的な障害と環境との相互作用に障害があるために，精神遅滞児は正常に発達することが困難です。自己の発達過程における非定型的な人格構造によるさまざまな弱点があるために，精神遅滞児の人格発達の傾向は，"二次的な心理社会的欠損"と呼ばれる様相を呈するのです。この欠損は，適応上の問題と感情障害の根底にあるものとして考えられることが多いようです。

　これらの子どもたちは，無視，虐待，孤立のような敵意のこもった状況，あるいは急性・慢性の心理的ストレスに直面した場合に，精神病理学的な状態と

なります。この精神病理の種類と重症度は、他の要因に加えて、敵意のこもった出来事がどの情緒発達の時期に起こったのかに関係しているらしいということです。

ゲート（Gaedt, Ch., 1995）によると、精神力動的な方向性を持った心理療法の基本的な仮説は、「精神遅滞児の精神的な障害に対する傷つきやすさは、とりわけ早期の発達段階における重要な対象との間に生じる情緒的な経験の結果による」というものです。このことが、これらの子どもたちに対する心理療法において、子どもの早期の対象関係に焦点をあてることの理由のひとつです。この仮説は、人間は他の人たちとの絆（bonding）のための存在欲求を持っているというボウルビー（Bowlby, J.）やマーラー（Mahler, M.）の理論によるものです。この絆は、子どもが外界を探索し始める場合の精神的な安全感の基盤を与えるものです。絆は、より高いレベルで社会的な相互作用に対する基礎としてもみなされています。うまく絆が形成された後に、分離・個体化期に入り、子どもはさらに特有の人格を発達させることが可能となります。さらに、重度の精神遅滞児に対する心理療法は、通常、非常に早期の発達時期に起こった問題を扱う方向で考えられています。

このボウルビーとマーラーの仮説と精神遅滞児に対する豊富な経験にもとづいて、ドーセンたちは、いわゆる「発達力動的関係療法」（Developmental-dynamic Relationship Therapy：DRT）を発展させました。この治療技法を用いることで好成績が得られましたが、特に中等度、重度、最重度精神遅滞に対して有効であったということです。以下に、この療法の主要点を簡単に紹介しましよう。

《発達力動的関係療法（DRT）》

器質的、遺伝的、環境的、そして、他の問題のために、精神遅滞児の社会・情緒的な発達は、人生の最初の3年間に、以後の発達の間や成人期において重大な行動障害や精神障害の原因となるようなさまざまな障害を受けるものと思われます。最重度、重度精神遅滞児との臨床経験から、精神病理は多くの場合、精神生理学的な恒常性の障害と安定型の愛着の形成欠如にその基盤があり、中等度、軽度精神遅滞児では、自己感と自我の形成において問題が生じていることに非常に多く遭遇してきたということです（Dosen, A., 1995）。

さて、「発達力動的関係療法」は、3つの段階に分けることができます。
　第1段階：耐性と受容
　第2段階：出会いと融合
　第3段階：（再）教育

　まず、第1段階では、子どもが環境のなかで、自分の居場所や役割を見つけることを可能にするような、すべての活動を受け入れるための試みがなされます。問題とされる行動の諸症状を直接的に扱うことはせず、むしろ、子どもの全存在をそのまま受け入れることが重要です。結局、最初の課題は、子どもが環境のなかで安心感を持てるようにすることであり、そして、どれほど楽しさを見出せるかを子ども自身に感得させることなのです。

　次の第2段階では、治療者は、子どもの行動のあらゆる側面に対して陽性の反応をしようと努めます。その結果、愛情のこもった治療者との関係から子どもは絆を獲得し、信頼を増大させていくなかで、子どもは情緒・行動上の問題を解決し、取り巻く環境との関係を良くするように促されます。

　そして、第3段階になると、すでに築かれた陽性で信頼のおける関係を基盤として、治療者は、子どもが以前の行動様式から解放されるのを援助し、社会的に受け入れられる行動の仕方を教えようと努めます。この段階では、治療者は、他の治療技法、たとえば古典的な遊戯療法、ロールプレイング療法、行動修正療法などを用いることもあります。

　治療者の目的は、子どもが社会に生きる上での特有な人格発達を刺激し、陽性の自我の質を強化することです。さらに、子どもが自分の力で解決することのできないような状況や葛藤のなかで必要とする、情緒的な安定性の基盤として、治療者は位置づけられます。そして、治療者との間の信頼関係は、子どもが外の世界での探検や実験をより積極的に敢行する意欲を持たせ、次第に他の人々との関係にも広がっていくことになります。

　このDRTは、特に、精神遅滞の愛着障害による行動上の問題や精神病的症状、自傷行為、そして、広汎性発達障害に適用可能とされています。ドーセンの自験例の報告によると、97名の子どもたちに対するDRTの結果、41％は入院の必要となった症状が消失して退院、他の41％は軽度改善、残りの18％のなかにもまったく改善しなかった症例はなかったということです。

《治療例》

　離乳期から10年以上継続した嘔吐症のダウン症候群の男子が12歳で知的障害児施設に入所してからの治療経過の例（高橋，1963）をみてみましょう。

　諸検査により，消化器の器質的病変は否定され，生育歴から家族内人間関係，特に母子関係のもつれが本児の情緒発達に影響し，それが嘔吐という表現となって症状が形成されたものと考えられました。

　そこで，昼間だけ他児から離し，医務室のなかで母親の代理となる大人（看護婦）と過ごせるようにしました。この母親代理との間に安定した関係を体験させて，母子関係の再構成を図り，それによって本児の情緒の安定と発達を援助して，症状の軽減をもたらそうという治療計画が立てられました。

　昼間だけ看護婦が個人的に受容的な接触を基本として相手をするといったかかわりを4ヶ月続けるうちに，表情も乏しく，孤立して，全体に活気のなかった本児が，物で遊ぶようになり，表情が豊かになり，看護婦にいたずらをしかけたり，他児の先頭になって積極的に遊ぶようになりました。そして，嘔吐も叱られたりした不快な経験の時に見られる程度で，半年後にはほとんど消失してしまいました。

　この例では，母親との間の情緒的な関係が不十分であったために，口唇期欲求の不満と不安定感に注目して，成人女性（看護婦）の受容的な接触を中心とし，自由な遊びを主体とした時間を保証して新しい対人関係を体験させたことと，その大人との関係の経験が自我の強化という意味で治療的効果をあげたものと考えられます（高橋・鈴村，1995）。

　（2）　自閉症　　児童期分裂病の研究が盛んとなり，子どもの精神病理学的研究が独自の領域として台頭しつつあった1940年代に登場した「自閉症」概念は，上にも述べたように当初情緒障害と考えられ，心理的原因に力点が置かれて，心理療法や遊戯療法が精力的に行われました。1960年代の後半のラターによる「言語／認知障害仮説」が発表され，「自閉症」が中枢神経系の成熟障害を基盤とする発達障害と考えられるにしたがい，薬物療法，行動療法，認知療法，感覚統合療法などが主流となり，心理療法や遊戯療法などは一部の人々によって行われるものとなりました。

　しかしながら，その一方で「自閉症」の臨床では，当然のことながら心理療

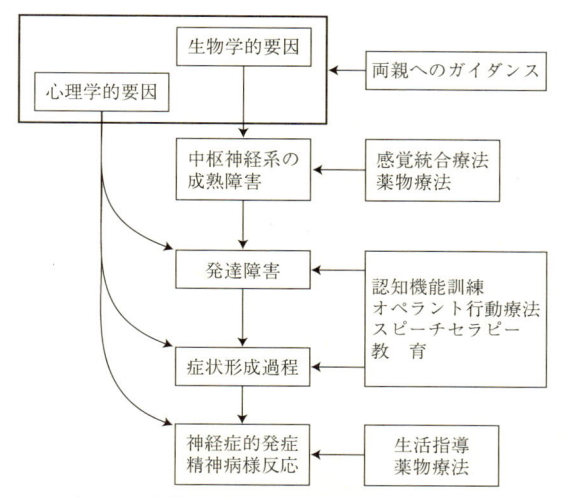

図 4-1 自閉症の症状形成過程と治療プログラム

法的アプローチも不可欠であると考える人たちもいます。療育・生活指導，課題プログラムによる指導，就学・就労相談など，どの場面においても子どもの内的世界を豊かに想像し，対人関係の微妙な困難さ，ぎこちなさ，経験の乏しさを十分に理解し，その子どもと家族が受け入れやすい具体的な対応の仕方を考えていくことが是非とも必要なのです。

そこで，発達障害の視点から「自閉症」の症状形成過程を整理し，それぞれの発達段階で試みられる治療・指導の方法を山崎（1995）は，図 4-1 のようにまとめています。臨床的には，より早期の段階で試みられた治療・指導法が継続的に行われ，さまざまな方法が統合的になされることになります。

①中枢神経系の成熟障害への取り組み

「自閉症」の発症にとってもっとも基本的な器質的要因は，まず中枢神経系の成熟障害として認められ，さまざまな機能・行動の成熟遅滞および愛着障害としてとらえられます。したがって，この段階（1歳まで）では，アンバランスな発達を示す子どもの状態を，両親が十分に理解できるように援助し，言葉かけをしながら皮膚刺激を与えることと，感覚統合療法の考え方に基づく「赤ちゃん体操」のような四肢の協調運動の訓練の仕方を具体的に指導することになります。

②発達障害への取り組み

この段階（1〜3歳）では，認知機能と言語に関する指導が中心となります。物および動作との対応関係における「言葉かけ」を根気よく続けることが基本です。具体的には，リトミック運動，水泳，ボール遊び，自転車遊びなどによる全身協調運動や，目・手・足などの側性運動コントロールと身体像形成を意図した訓練が望まれます。そして，生活体験の拡大をはかるようにします。

③症状形成過程への取り組み

4，5歳から11，12歳頃までに相当する段階です。おおよそ「自閉症」の臨床症状として記載されてきた特徴的な症候が出そろう時期でもあります。子どもの症状や問題行動の意味と成り立ちについて両親に詳しく説明し，家庭における対応についての具体的な指導が必要です。多動，注意散漫，不眠，パニック，自傷行為，こだわり，自発性低下などの問題行動の発生状況を十分に検討し，子どもの内的世界をいかに理解することができるかが重要な課題となります。場合によっては，向精神薬による薬物療法も必要となります。

④神経症的反応および精神病様反応への取り組み

年長児期から青年期になると，概して行動量が減少し，行動のまとまりがみられるようになります。しかし，なかには対人関係の混乱・葛藤が深刻な神経症的反応を引き起こしたり，時には幻覚・妄想状態に発展することもありますので，日常の生活場面で体験する対人関係のつまずきの理由を具体的に説明し，その対処のしかたについて根気よく相談にのってやることが必要です。不安，抑うつ，関係念慮などが深刻な場合には，抗不安薬や抗精神病薬を用いることになりますが，過剰にならないように慎重に処方してもらうことが大切です。

ところで，自閉症児の行動は理解し難いといわれますが，それは広汎な領域における歪んだ発達障害を持つ彼らの行動シェマとわれわれの行動シェマがあまりにもくい違っているためだと考えられます。ところが山崎（1995）も指摘しているように，自閉症児との治療的かかわりを続けていると，比較的早い時期に「自閉的な印象」が消失することがよくあります。これは彼らの行動予測が困難であることをわきまえた臨床家の目で，彼らをよく観察しているとその行動シェマの読み取りが可能となることを示しています。これは，自閉症児が同年齢の子どもたちとかかわることはできないのに対して，大人とは比較的よ

い接触を保つことができるという臨床的事実に通じるものといえます。確かに，彼らは周囲に無関心で，孤立し，自分勝手な行動が多く，奇妙な自己刺激的行動や常同行動を繰り返しています。しかし，一方で彼らはきわめて過敏であり，自分を受け入れてくれる人か否かを瞬時に見分けるといった特性も持ち合わせています。

ウイリアムズ（Williams, D., 1992）が自ら語った「自閉症」の内的世界は，この行動シェマの異質性を露わにしたものとして興味深いものです。杉山（1994）が提唱する「自閉症の time slip 現象」や，小林（1996）の捉えた「自閉症の知覚変容現象」といった概念は，彼らの認知機能の特有な障害を物語るものであり，大なり小なり彼らの社会的常識を逸脱した行動に結びついているのです。したがって，彼らに近づくためには，彼ら独特の情報処理機構を詳細に検討し，彼らの示す記号（行動や言葉）を解読し，繊細な語りかけ（対応）をすることが重要な意味を持つことがわかります。それこそ心理療法的接近ということになります。

（3） 特異的発達障害　　特異的発達障害は，通常，以下の2つの項目によって規定されています。

①標準化された知能検査および全般的な学業成績の結果からみて，特定の領域における技能の習得が著しく劣っている。

②程度の差はあるが，日常生活の活動に障害がみられる，ということです。

それゆえにこの障害の代表的な問題として「学習障害」（Learning Disabilities, LD）を引き起こします。つまり，「その子どもの学校教育，知的能力から期待されるレベルから明らかに低い，1つまたはそれ以上の機能の特異的な遅れがある」ということになります。したがって，正常な発達レベルの子どもとほぼ同程度の発達レベルにありながら，限られた特定の機能の落ち込みがあるということが障害なのです。

その原因としてはやはり脳の器質的あるいは機能的な異常にあるのだろうと推定されています。いわゆる微細脳損傷症候群（Minimal Brain Damage Syndrome, MBD）がそれに当たると考えられました。この脳損傷児の行動特徴としては，情緒的変動性，落ち着きのなさ，衝動性，注意転導性，しつこさ，知覚的混乱などが挙げられます。その原因として，脳の微細な損傷が中枢神経

系に機能不全をもたらし、注意と知覚の特異的障害となって、読み、綴り、計算を習得する学習能力を損なうのだろうと仮定されました。その後、微細な脳損傷の存在を客観的に証明することが困難であることから、現在では、「微細脳機能不全症候群」（Minimal Brain Dysfunction Syndrome）というように呼称が変更されています。

　このような研究を受けて、1962年には米国で「学習障害とは、考えられる脳機能不全および情緒・行動障害を原因とする心理的障害から生じる話し言葉、言語、読み、書き、算数、またはその他の学校教科の課程の1つか2つ以上における遅れ、障害、あるいは遅滞性発達のことである」と定義されました。その後、米国では学習障害の定義が何度も修正されていますが、生物学的・医学的レベルで論ずるよりも、教育的な視点に重点をおいて取り組まれるようになっています。教育心理学の立場からは、「聞く、話す、読む、書く、推理する、ないし算数の諸能力の習得と使用に、著しい困難を示すさまざまな障害群」ということになっています。

　さて、学習障害児は適切な指導がなされなかった場合、基礎学力の未定着、学業不振など、学業に関する問題とさまざまな不適応行動が、学年が進むにつれて著しくなります。特に、言語・コミュニケーションの問題を有する児童・生徒の場合は、話し言葉と教科書を中心に進められる通常の学級での多くの授業に支障をきたします。教師の話が十分に理解できないとか、自分の思うことを上手に相手に伝えられないなどのことから、情緒不安定になる子どもも少なくありません。

　また、多動や注意欠陥のために起こる落ち着きのなさや行動のまとまりのなさは、小学校低学年の頃は学校生活のなかで特に目立った問題ですが、高学年の児童や中学生以上の年齢では、むしろ、内面的な葛藤として表面化してきます。周囲の児童・生徒との人間関係のトラブル、努力してもうまくいかないことへの苛立ちや自信喪失などの二次的な問題から、いじめの対象となったり、登校拒否や非行に至る者もなかにはいます。このような状態になる前に適切な教育的配慮がなされた場合には、本人が自分らしさを認識し、学力以外のことで自己を発揮し、適応状態が良好であるといった例も多くみられます（水野、1995）。ちなみに、イリングワース夫妻（Illingworth, R. S. and Illingworth,

C. M., 1966)の著書『才能の発見』には，歴史上の傑出人たち（悪人も含めて）の幼児期が記載されていますが，たとえば，米国の科学者で政治家のベンジャミン・フランクリン，推理小説家のコナン・ドイル，精神分析家のアルフレート・アドラー，そして，物理学者のアルバート・アインシュタインなどの多くの傑出人たちが学習障害児であったということです。

　残念ながら，現行のわが国の教育制度の下では，学習障害児のための特別な教育の場は用意されていません。言語面の問題が顕著な児童・生徒のなかには，言語障害学級に通って個別的な指導を受けている者もいます。また，不適応行動の著しい児童・生徒のなかには，情緒障害学級に通う者もいます。さらに，後期中等教育段階になって，学業不振が著しくなった生徒のなかには，知的障害養護学校で教育を受ける例もあります。しかし，学齢期の学習障害児の多くは，通常の学級に在籍し，適切な教育的手だてを十分に受けていない現状があり，彼らの発達や学習の可能性は十分には保障されていないといえます。

　結局，情報処理面の特異性を考慮した指導が個別に必要であり，認知・言語訓練は欠かせないものですが，それと並行して情緒面の障害に配慮するための心理療法的関わりとして，遊戯療法や小集団でのソーシャルスキル・トレーニング（Social Skill Training，社会生活技能訓練）が是非とも必要でしょう。

4. 発達障害児の家族への援助

　サメロフ（Sameroff, A. J.）は，生まれつき育てにくい行動特徴を示した子どもの母親が，子どもとのかかわりのなかで次第に不安を高め，やがて子どもを嫌いになり，子どもの発達に好ましくない影響を与えていく過程を「発達的悪循環」と呼びました。たとえば，妊娠中から出産や育児に強い不安を持っていた女性が，医師に無痛分娩のための処置を依頼し出産しました。子どもは生まれて間もなくからむずかり，動きが多く，応答性が低い状態であり，母親は心身共に疲れきった状態となっていました。このような母子のネガティブな条件が互いに影響しあって，母親の不安は増大し，子どものむずかしい行動特徴がさらに顕著となり，母親は子どもに罪障感と敵意をもつようになり，子どもは情緒不安定となってさまざまな不適応行動を示すようになります（図4-2）。三宅（1993）が指摘するように，母親を中心とする環境的な刺激が，子どもの

発達にとって支援的・補償的・修正的に作用すれば，このような「発達的悪循環」は生じないことになります。したがって，ここにこそ家族援助の重要性があるのです（山崎，1993）。

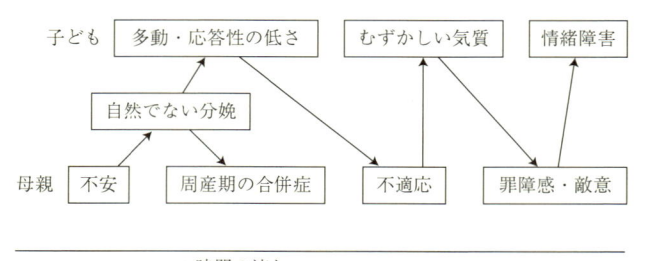

```
子ども   多動・応答性の低さ        むずかしい気質       情緒障害
              ↑  ↓                      ↑  ↓           ↑
           自然でない分娩  ────→  不適応  ────→
              ↑                                ↓
母親   不安 → 周産期の合併症              罪障感・敵意

                          ──────→ 時間の流れ
```

図4-2　情緒障害発現にいたる母・子のかかわり（Sameroff, A. J., 1975）（三宅（1993）より引用）

　発達障害の多くは，早期に発見し診断することが難しいのが実情です。ダウン症や脳性マヒに比べて，自閉症や中・軽度精神遅滞では発見も診断も遅れる傾向があり，法定乳幼児健診でも要経過観察とされたり，スクリーニングからもれたりする例が少なくありません。最近問題にされている学習障害の早期発見ともなると，これら以上に困難で，正確な診断が遅れることの方がむしろ多いといえるでしょう。ともあれ，障害の発見と告知とは子どもの療育への誘いであるとともに，親に対する支援活動の開始でなければなりません。

　特に，自閉症や学習障害児の場合，親と子どものコミュニケーションが成立し難く，また子どもの行動の予測ができないために，親にとっては非常にストレスが高まる傾向があります。そして，それが夫婦関係や，さらには家族全体に波及する可能性があります。子どもの障害が何であれ，親が障害児のことに熱中するあまり，家庭を顧みなくなることは家族（配偶者や他のこども）や障害児自身にとっても好ましいことではありません。障害児に献身する姿が，周りからみて「良い親だ」と評価されやすい日本の地域住民の目のなかで，母親が髪振り乱して努力するうちに，「女として，妻として」生きることが忘れられ，家族関係に歪みをもたらし，やがて離婚や母子が密着して離れられない状況に立ち至った事例も少なからずあります。障害児の母親といえども，普通の楽しい家庭の主婦であり，子どもたちの母親であるという姿がみられ，その中で障害児が家族全員の愛情と余裕のある関係に包まれて生活していける情景こ

そ，望ましいものと考えられます。したがって，障害児の親はかくあるべしというような押しつけ的な指導は行うべきではなく，女性としての生き方の多様性を認めるべきで，職業についたり，趣味のサークルで活動したり，旅行やレジャーも享受できるような社会的支援システムの整備が急務といえるでしょう（伊藤・守屋，1993）。

　最近まで，「親こそ最高の医師」とか「親こそ最良の教師」などという言葉がよく聞かれ，また「親指導」という用語もよく使われました。これらは「専門家主導」の原理を背景に，親を専門家の補助として位置づけたり，親を変えることで子どもの指導に役立てようとするものであったでしょう。特定の訓練や指導方法の習得を親に求めることは，親の必死の努力による実行を期待することになり，その結果，親の果たすべき役割と専門家の為すべき仕事の混同が生じる事態になります。それゆえ，子どもの変化が思わしくない場合や家庭の事情で親が十分に協力できない時に，それを親の努力不足のせいにしたり，指示を守らなかったと非難したりします。これでは，専門家は親に対して「判事」か「検事」のような立場に思われるでしょう。願わくば，療育の専門家は，障害児とその家族にとって無条件の味方であり，「弁護士」の立場であるといった自覚をもってほしいと思います（毛利ほか，1995）。

　「われわれは，親には療育の専門家としてでなく，あくまでも親として生活し，育ってもらいたいと思う。親が専門家の手伝いをするのではなく，むしろ専門家が親が安心して子育てができるようになることを手伝い，親が人としてあたり前に生きていくための生活の支援を考えていくべきなのではないかと思う」（伊藤・守屋，1993）。そのためには，発達障害児の家族に寄り添い，見守り，待ち，適宜助言をしていくといった，心理療法的支援がふさわしいといえるでしょう。そして，療育の最終目標は，子どもと親の自立ということですから，いつまでも依存性を助長するようなこまごまと立ち入った指示はせずに，家族の自覚と自己決断を引き出すことでしょう。それが「発達共生的心理療法」というものです。

〈参考文献〉
American Psychiatric Association　1987　*Diagnostic and Statistical Manual of*

Mental Disorders (Third Edition-Revised, DSM-III-R). (高橋三郎訳　1988　DSM-III-R　精神障害の診断・統計マニュアル　医学書院)
Dosen, A.　1995　*Psychotherapy with Mentally Retarded Children—Recent Developments—*. (松田文雄訳　精神遅滞児の精神療法―最近の発展―)　精神療法, 21(4), Pp. 11-16.
Gaedt, Ch.　1995　Psychodynamic psychotherapy in mentally retarded children. In A. Dosen, & K. Day (Ed.), *Handbook of Behavioral and Psychiatric Disorders in the Mentally Retarded*. Washington. American Psychiatric Press.
Illingworth, R. S. & Illingworth, C. M.　1966　*Lessons from Childhood*. E. & S. Livingstone Ltd., Edinburgh. (黒田実郎・大脇園子訳　1969　才能の発見―世界の傑出人の幼児期―　岩崎学術双書1　岩崎学術出版社)
伊藤則博・守屋陽子　1993　発達障害幼児の家族への援助　精神療法, **19**(4), Pp. 11-22.
小林隆児　1996　自閉症治療の新たな展開を求めて　精神科治療学, **11**(6), Pp. 583-590.
水野薫　1995　学習障害児の精神療法―学校教育の立場から―　精神療法, **21**(4), Pp. 41-47.
三宅和夫　1993　乳幼児の人格形成と家族関係. 財団法人・放送大学教育振興会
毛利子来・山田真・野辺明子（編著）　1995　障害をもつ子のいる暮らし　筑摩書房
杉山登志郎　1994　自閉症に見られる特異的な記憶想起現象―自閉症の time slip 現象　精神神経学雑誌, **96**, Pp. 281-297.
高橋彰彦　1963　常習性機能性嘔吐をともなった精薄児の治療　児童精神医学とその近接領域, **12**, 236.
高橋彰彦, 鈴村健治　1995　精神遅滞児の精神療法　精神療法, **21**(4), Pp. 32-40.
Williams, D.　1992　*Nobody Nowhere*. NewYork. Times Books. (河野万里子訳　1993　自閉症だったわたしへ　新潮社)
World Health Organization　1992年　*The ICD-10 Classification of Mental and Behavioural Disorders ; Clinical descriptions and diagnostic guidelines*. (融道男・中根允文・小見山実訳　1993　ICD-10 精神および行動の障害；臨床記述と診断ガイドライン. 医学書院)
山崎晃資　1993　児童精神科臨床における家族への援助. 精神療法, **19**(4), Pp. 3-8.
山崎晃資・吉田友子・河合健彦・成田奈津子　1995　発達障害の概念と精神療法的アプローチ　精神療法, **21**(4), Pp. 3-10.

5. ダウン症候群と出生前診断

1. はじめに

　最近の朝日新聞の一つのコラムに興味深い取材が報じられていました。「新しい倫理を求めて―アメリカからの報告（下）」（織井優佳，1997）というもので，内容は次のようなものです。少し長くなりますが紹介しましょう。：

　（1）　**AFP 検査**　 44,966,903 ドル（約 53 億円）。これはカリフォルニア州が 1995 年度に行った出生前の遺伝子検査で，「節約」できたとする金額である。

　カリフォルニア州は 86 年から，すべての妊婦に胎児の先天異常の有無を調べる「AFP 検査」のことを知らせている。母親の血液でダウン症や脊椎異常などの確率を判定する検査で，95 年からは，ダウン症の検出率がより高い「トリプルマーカー検査」に変わった。有料（現在は 115 ドル）で，強制ではない。しかし，医師は通常の診察の間に検査の説明をするので，拒否する妊婦は少ないようである。86 年に 41 ％だった受検率が，96 年には 70 ％に達している。

　（2）　**「税負担軽くなる」**　さて，妊婦は，この血液検査と，羊水検査などの結果を考え併せて，妊娠継続か中絶かを判断する。最初に挙げた数字は，障害者が生まれた後にかかるはずだった社会保障費と検査のコストから，州政府が試算したものである。

　「すべての女性に，妊娠には選択と制御が可能だという情報を与えるサービスです。州は中絶を勧めたりしないが，医療や福祉に金がかかる赤ん坊が生まれなければ，州民の税負担は軽くなる」というのが，州政府保健局・遺伝病部門の責任者ジョージ・カニンガム博士の論理である。

　米国で公的に出生前診断に取り組むのはカリフォルニア州だけであるが，検査は国民の間に広がっている。少子化現象が進む米国では，「成功する子」を求める傾向が強い。検査の存在を妊婦に告げなかった医師が告訴された例さえあり，医療者の自衛意識も検査の浸透を後押ししているといった事情がある。

　世界保健機関（WHO）の遺伝医学ガイドラインづくりに携わったドロシ

ー・ワーツ博士（倫理学）は「子どもには健康に生まれる権利がある。そうなれないのなら親は出生を避けることができる」と考える。「『重い障害を持って生まれる』ことと『全く生まれない』ことを比べるのではなく，同じ年齢のほかの子との幸せの違いを比べるべきです。どんな子をもとうとしているのかは，親が決めること。ただ，幅広く検査をしたせいで，中絶など考えてもいなかった人が選択を迫られるのは悲劇だ」とも言っている。

しかし，一つ一つは個人の選択であっても，全員が同じ発想で行動すれば，行き着くのはおぞましい優生学である。米国社会は生命選別の手段を認め，受け入れる一方で，選別が持つ意味と真剣に向き合う努力を始めている。

（3） 障害あっても幸せ　その一つが，米国立保健研究所（NIH）の資金による，出生前診断の研究プロジェクトである。哲学者や社会学者らが，検査の倫理的な問題点を整理しようとしている。ワーツ博士もその一員で，障害者も加わっている。基本姿勢は「障害者の立場から検査を考える」である。

メンバーの1人，ウェルズリー大学のエイドリアン・アッシュ教授（倫理学）は全盲である。彼は「障害をもつことは，そんなにひどいことなのか。私は目が見えないが，社会の支えで結構楽しくやっている。そういうことは知られていない」と語る。点字キーボードを操って電子メールをやりとりし，健常者以上に精力的に研究・教育に取り組む姿には説得力がある。「子どもの存在を親がコントロールできるなんて幻想。どんな子であろうと，新しい人格として受け入れるのが本当ではないか」と主張する。

障害と共に生きる人生を幸福とみるのかどうか，プロジェクトの議論はまとまりそうにない。一致点があるとすれば，「決断のための情報が現在は十分ではないという事実に，人々の注意を向けなくてはならない」ということだけである。

検査までして求められる「成功する子」とは何なのか。カリフォルニア大学ロサンゼルス校医学部のナンシー・プレス准教授（人間学）には，遺伝性の学習障害を克服して医師となった友人がいる。友人は常々，障害ゆえに優しくなれ，良い医師になれたと話しているという。「でも，同じ人が『我が子には障害のある苦労などさせたくない』と言う。人間の思いは複雑です」と語る。

（4） 逆に中絶率低下も　以前，プレス准教授が妊婦の意識調査をしたら，

障害者に対するイメージは明るく肯定的なものだった。米国では近年、障害者の地位が向上しているからである。その一方で、障害者を産まないための技術が歓迎される現実は矛盾に満ちている。「すべてを計画通りに運ぶことは、本当に良いことなのか。幸福の可能性も、災厄の可能性も知らないことこそ、幸せなのかもしれない」とブレス准教授は考えている。

12年目に入ったカリフォルニア州の出生前診断に、最近、思いがけない傾向が現れている。以前は、胎児がダウン症と診断された妊婦の9割以上が、妊娠を中絶していた。この数字が、96年の統計では6割強に減った。州政府は「カトリックの信者が多いヒスパニックの妊婦が増えたため」と説明するが、ほかの人種の中絶率も下がっている。

これは、「よりよい生」をめぐって、何か新しい価値観が生まれつつあるきざしなのだろうか。先端科学が普通の暮らしのすぐ隣にある時代を迎えて、個人主義と温かい生き方の両立を模索する米国の試みは続く。
（以上、「朝日新聞」1997年9月11日付夕刊よりほぼ原文通り引用）。

2. ダウン症候群（Down's Syndrome, Down's Anomaly）とは

染色体異常による精神発達遅滞とみられています。かつては「蒙古症（モンゴリズム）」（Mongolism, Mongolian Idiocy）と呼ばれていましたが、この症状の最初の診断記載をしたダウン（Down, J. L., 1866）の名を冠して「ダウン症候群」あるいは「ダウン症」と呼ばれるようになっています。

【原因】原因と考えられている染色体異常として、21トリソミーがみられるものが最も多い（95％）のですが、時に転座型、モザイク型があり、転座型では父母にも異常が見出されることがあります。ヒトの染色体は22対の常染色体と2個の性染色体からなりますが、1～22の番号のついた常染色体のうち21番目の染色体の長腕部分が過剰となって生ずるのがトリソミー型です。

出現率は、全出産の1/700～1/800程度とされていますが、出産時の母の年齢が増すにつれて著しく高率となります（表4-2）。

【症状】身体各部に小奇形が重複して見られるため、独特の顔つきと体つきを呈します。しばしばみられる特徴として、時に脳波異常（速波）があったり、小頭、短頭、後頭急斜といったものがあります。顔面には、前額ひだ、眼裂上

表 4-2　ダウン症児を出産する危険率

母親の年齢	ダウン症児出生率
20	1923人中1人
21	1695
22	1538
23	1408
24	1299
25	1205
26	1124
27	1053
28	990
29	935
30	885
31	826
32	725
33	592
34	465
35	365
36	287
37	225
38	177
39	139
40	109
41	85
42	67
43	53
44	41
45	32
46	25
47	20
48	16
49	12

斜（つり上がった目），両眼隔離，斜視，水晶体混濁，虹彩奇形，蒙古ひだ，眼瞼炎，眼振，鼻奇形，鼻根陥没（短く平たい鼻），耳奇形（低い耳介）がみられたりします。口の部分では，口蓋奇形，開口，堤舌（突出した舌），舌ひだ，歯列不整，歯奇形，低音，枯声が特徴です。上半身には，短い首，胸郭奇形，ハト胸，漏斗胸が見られます。手の特徴として，短く広い手掌，短指，小指彎曲，小指二折，手掌水平線（四指線）があります。心臓には心雑音があったり，腹部に腹直筋離開や臍ヘルニアがあったりします。性器に奇形もあります。足の部分では，短い足首，第Ⅱ指よりも第Ⅲ指の方が長く，第Ⅰ指と第Ⅱ指の間隔大，足裏にひだがあるのが特徴です。そして，全身の筋緊張が低下気味で，柔らかく弾力的な皮膚をしています。

　また，大脳にも全体としての成熟遅滞や奇形があり，知能の発達遅滞（多くは中度〜重度）を示します。

　性格行動上では，明るくひょうきん，音楽好きといった特徴を示すものが多いようです。

　身体的には先天心奇形や先天心疾患，また，消化器疾患ゆえに，あるいは，感染への抵抗力が弱いために，虚弱になりやすく，感染症による夭折例がかつては多かったといえます。ちなみに，1932 年の頃の記録では，ダウン症児の平均寿命は 9 歳だったとされていますが，現在では 50 歳前後，あるいは，それ以上にもなると推定されています。

　さらに，白血病への罹患性も高いようですが，癲癇（てんかん）の合併例は比較的少ない

といわれています。

【治療】狭義での医療（投薬など）の効果は認められていません。出生前からも，また出産と時を同じくしてダウン症と診断がつきますので，早期からの教育の効果は期待されているのですが，現在のところまだその場は少なく，療育の方法論もなお未確立の状況にあるといえるでしょう（上出，1984）。

3. ダウン症児への早期対応

　精神発達遅滞児への早期対応の発展は，精神遅滞のとらえ方の変化と密接に関連していると考えられます。子どもの知能あるいは発達についての見方は，19世紀から20世紀にかけてゴールトン（Galton, F.）に代表される遺伝論的見解が優勢でした。つまり，知能は遺伝するものであり，子どもの知能の優劣はあらかじめ遺伝により規定されたものであり，恒常的で変化しないという考え方でした。一方，発達についての論点は，ゲゼル（Gesell, A. L.）の成熟説に基づき，環境要因よりも成熟という内的条件が子どもの発達を左右するという指摘にとどまっていました。したがって，精神遅滞とは知能が恒常的に劣弱でありIQは不変であるとみなされていました。

　ところが，第二次世界大戦後になって，発達の可塑性を示唆する研究や初期経験の重要性に注目する研究が現われ，知能を固定的と考え発達を成熟のみによると考えることに疑問が提ぜられるようになりました。なかでも知能は発達すると説くピアジェ（Piaget, J.）の理論は，ブルーナー（Bruner, J. S.）の教育理論とともに，知能の発達に及ぼす環境要因の重要性を強く訴えるものでした。

　精神発達遅滞児の場合も，環境要因が影響することを多くの研究が示しています。たとえば，施設収容のダウン症児が家庭養育のダウン症児よりも明らかに知能の発達が遅れていたという研究（Centerwall & Centerwall, 1960）があります。精神発達遅滞児の知能も，内的条件として病理的障害があるとしても，その子をとりまく環境要因によって変化させうるものと考えられるようになりました。要するに，大脳の中枢神経系がまだ可塑性に富む乳幼児期に適切な刺激を与えることが重要であるといった理論が実証されたのです。このように，生まれた直後や間もない頃から，いろいろな刺激や経験を付与して，精神

発達遅滞児の発達を保障しようとするのが早期対応というものです。

特に，出生後ただちにその障害が判明するダウン症児の場合，絶望・悲哀・喪失感・罪悪感などの精神的打撃に見舞われる親との間に，好ましい親子関係が成り立たず，親からの十分な刺激が与えられないことがよくあります。その結果，ダウン症児の発達は阻害され，知的・情緒的・言語的発達に一層の悪影響が及ぶことになります。さらに親子の社会的孤立から，これらの認知発達の領域のみならず，ダウン症児の社会性の発達さえ二次的に損なわれるといった事態も起こりうるのです。その意味でダウン症ほど早期対応に合致した精神発達遅滞はないといえるでしょう。

4. 早期対応プログラム

精神発達遅滞児やその他の発達に遅れのみられる子どもへの早期対応は，1970年頃から欧米各国で始められるようになりました。注目すべきものとして，米国で1960年後半から開始された「ヘッドスタート計画」と呼ばれるものがあります。当初は文化的・経済的に恵まれない子どもに対する医療・福祉・教育のサーヴィスでしたが，1972年になってさらに心身に障害を有する子どもたちも「ヘッドスタート計画」の対象に組み入れられるようになりました。そして，全ヘッドスタート事業の対象者の割合で少なくとも10％は心身障害者に割り当てられるべきものとされました。

また，同じ米国で1970年代の初めに，「心身障害児早期教育プログラム（HCEEP）」という施策が障害を持つ乳幼児の早期教育プログラムに財政面での予算措置を講じてくれるようになり，その結果早期教育の技術の開発が図られるようになりました。たとえば，ポーテージプログラム，ワシントン大学児童発達遅滞センターによるプログラム，ミネソタ大学ダウン症乳幼児コミュニケーション刺激プログラムなどをはじめ数々のモデルプログラムが実施に移されていったのです。

精神発達遅滞児のなかで約6〜10％を占めているダウン症では，その診断が出生直後に可能であることから，「超早期対応」に取り組めます。「超早期対応」というのは，0歳ないしは1歳児を対象に実施する早期対応ですが，もう乳児期のできるだけ早い段階で，適切で整えられた環境を準備して，知的機能

の向上・発達速度の促進・新しい行動の形成などを目指すものです。ドイツではすでにダウン症児の生後2週間から指導を開始しているそうです。

　ワシントン大学のドミトリーヴ（Dmitriev, V.）は1975年頃から，イタリアのモンテッソーリ（Montessori, M.）を元祖とする，いわゆる「感覚訓練」を中心としたプログラムを実施しています。ドミトリーヴの研究によると，早期教育と家庭教育を豊富に受けた子どもとそういう教育を受けなかった子どもを比較した場合，後者は7歳くらいから発達指数（DQ）が下降してゆくそうです。一方，早期教育を実施したグループは発達指数がほぼ水平になって安定しているということです。このワシントン大学プログラムをはじめとして数々の早期対応のプログラムが実践されていますが，米国と日本で行われているプログラムの代表者・プログラムの形式・指導形態・評価法・結果の概要をまとめたものが表4-3となります。

　指導形態としては，家庭を中心に行われる「家庭訪問式プログラム」（Home-based program），療育センターなどに通う形式の「センター来所式プログラム」（Center-based program），それらを組み合わせた「混合式プログラム」（Combination program）があります。わが国の実践プログラムのなかでも，表4-3に挙げた安藤忠（1982）の場合は，北九州市立総合療育センターにおいて多専門領域スタッフにより取り組まれ非常に整ったものとして定評があります。行政主導のもとに地域の障害児の早期発見，そして，保健所・病院・児童相談所などとの連携のとれたケアシステムが確立されているようです。それゆえに，この地に生まれた障害児はもれなく発見され，診断後に速やかに早期対応の対象になることが可能ということです。

　また，筑波大学の池田由紀江を中心とした「ダウン症児の早期教育プログラム」は，0歳から就学前幼児を対象として次のような項目で実施されています。①運動（ダウン症児の筋肉の低緊張と自発的移動の少なさを考慮した運動内容）②認知（手指の巧緻性や視覚認知，物の操作，概念形成）③言語（ダウン症児の聴知覚認知を高める内容，言語理解・表出）④社会性・生活習慣（食事・排泄・着脱・清潔），の4領域を教育の眼目として，家庭での適切な環境刺激のなかで，子どもの潜在能力を引き出すことをねらいとしています。

　しかし，このような体勢にも地域差があり，日本全国どこでもこのように整

表 4-3 ダウン症児の早期対応の研究

	プログラム	指導形態	評価法	結果
Bidder, R. T. (1975)	・発達訓練 ・母親グループカウンセリング	・センター来所式プログラム	・Griffiths Mental Development Scale	・MA 上昇（有意）
Aronson, M. (1977)	・就学前発達訓練	・センター来所式プログラム	・Griffiths Mental Development Scale	・DQ 上昇は有意ではない ・言語発達は良い
Hanson, M. (1978)	・ダウン症児の親プログラム	・家庭訪問式プログラム	・Developmental Milestone	・発達は良い（有意）
Clunies-Ross, G. (1979)	・早期介入プログラム	・混合式プログラム	・The Early Intervention Developmental Profile ・Standard-Deviation Developmental Index	・DQ 上昇 ・発達指数上昇
Ludlow, J. R. & Allen, I. (1979)	・早期療育プログラム ・親カウンセリング	・混合式プログラム	・Griffiths Mental Development Scale ・Stanford Binet ・School Placement	・IQ・DQ 上昇，特に社会性言語が良い ・統合教育就学が多い
Piper, M. (1980)	・早期発達訓練	・センター来所式プログラム	・Griffiths Mental Development Scale	・DQ 上昇は有意ではない
Morgan, S. et al (1980)	・早期介入プログラム	・混合式プログラム	・Stanford-Binet ・Cattel Infant Intelligent ・Vineland Social Maturity Scale	・IQ, SQ 上昇（有意） ・運動，生活習慣スキルの獲得年齢が早い
Harris, S. R. (1981)	・神経発達療育	・親指導プログラム	・Bayley Scale of Infant Development ・Peabody Motor Scale	・DQ 上昇は有意ではない
Dmitriev, V. (1981)	・ダウン症プログラム	・センター来所式プログラム	・Vineland Social Maturity Scale ・PPVT	・SQ の上昇
池田由紀江 (1982)	・ダウン症児の早期教育プログラム	・親指導プログラム	・MMC ベビーテスト ・津守式発達診断テスト	・DQ の上昇
安藤忠 (1982)	・ダウン症児の超早期療育（健康，感覚運動，ことば，母親指導）	・センター来所式プログラム ・親指導プログラム	・津守式発達診断テスト ・田中ビネ知能検査	・始歩より早い ・始語より早い ・IQ（DQ）上昇，持続
丹羽淑子ほか (1985)	・発達援助プログラム	・親指導プログラム	・MMC ベビーテスト ・津守式発達診断テスト	・DQ 上昇 ・事物操作模倣遅滞月数減少

備されたシステムが施行されているわけではなく，障害の発見が早期対応へとつながらないうらみがあります。今後ともケアシステムの拡充と普及の進展が早急になされることを願うばかりです。

5.「うの花幼稚園」のダウン症児

わたしが「うの花幼稚園」の発達指導講師を務めるようになってから，園で出会ったダウン症の子どもたち10人について，親たちや指導の先生方との面接で記録したメモや記憶をたどっての印象から，彼らの姿を紹介しましょう。ダウン症の子どもは，入園が3歳だったり，4歳だったりしますが，まずもれなく就学直前の5歳児まで通園し，そして卒園を迎えるというケースになります。

（1）**Aちゃん（女）** 1988年10月，5歳児の時の様子は次のようなものである。ことばは「マンマ」程度から最近は語彙数も増え，指示への理解も伸びている。目がとろんとしている。しかし，多動で攻撃的，融通がきかない，世話好き。心臓疾患があるも，手術を受け現在は良好。

（2）**Bちゃん（男）** 母30歳，父30歳の時に第1子として出生。

1989年4月，3歳児入園。要求が強く，頭を床に打ちつけてだだをこねる。いつまでも機嫌がなおらない。合併症はないが，鼻がつまりやすく，寝るといびきをかく。哺乳びんを多用したので，乳歯はすべて虫歯。大きい音に敏感，恐がり。言語は，単語が数語，「マンマ」，「センセ」など。

1990年11月，4歳児。頑固さが強まっている。最近3度ほど母の目を盗んで勝手に外出し，周囲をあわてさせる。人のまねをよくする。

1992年3月，卒園直前。軽いアトピー性皮膚炎が出るようになった。衣服の着脱不完全，前後ろや表て裏にとんちゃくしない。排尿排便，ことばで言うが行動が伴わない。最近可愛がってくれた祖父が亡くなった。入院中見舞いにもよく行ったが，最後は酸素マスクをつけて点滴を受けている祖父を恐がった。遊んでいると幼い妹が邪魔をするので泣かせてしまうが，母が叱ると自分は悪くないと抗議する。制作は根気強くやる。糊づけ作業は好き。

1992年4月，校区の小学校に入学。

（3）**Cちゃん（女）** 母22歳，父23歳の時に第2子として出生。

1990年4月，4歳児入園。性格は明かるい。ひょうきんで，よくふざける。人形の目を怖がる。見ないようにしてさわる。動物やぬいぐるみに対してはそういうこともない。理解やのみこみはよい。母の家事の手伝いや身辺の処理動作の獲得は良好。

ことばとしては，「どいてどいて」「とうさん」「アンパンマン」「ニコニコプン」などがあり，歌や動作をまねしたり，振りをしたりする。

小学1年の兄が自転車で往来を走るのを三輪車で追う。

検診で整形外科医からダウン症の子は首の骨がずれたり折れやすいので注意するようにと言われた。

視力不明，両眼球不整，奥行き知覚不良。1991年1月，園内で朝のマラソン中に転倒し右肩を骨折した。

1991年2月，朝なかなか調子が出ない。慣れてくるとずうずうしくなって人にあれこれと指示する。骨折後のコルセットはもうとれた。排泄行動は未自立。

（4） Dちゃん（女）　　母36歳，父39歳の時に第1子として出生。

1990年4月，3歳児で入園。染色体異常はあるが完全なダウン症とはいえない，といわれている。

挨拶語はよく言えるようになったが，不完全である。右足内反足のため歩行や走行に難がある。水遊びが好き。カセットの音楽を聞くのが好きでよく聞いている。「お馬の親子」「雨」「ひなまつり」「チューリップ」など。

疲れて昼寝をする日が多い。

入園してから，家でいたずらが多くなった。コップのものをどこでもこぼす。母が怒ると罰を受けるとばかり手を出して，パチンと叩いてと要求し，母がぬれた床を拭いていると本児も拭きに来る。

排尿はまだ不完全，自分で告げる時もあるが，出てからの時もある。大便を催すのがわかるが，トイレでするのをいやがり，部屋の隅か外に出ていってする。そして，ティッシュペーパーの箱とパンツを持ってきて母に後始末を頼む。

1993年2月，5歳児。おとなとの関係はよい。3歳の従妹と言い合いをして負けても，こりずにまた寄って行く。隣家に1歳下の子どもがいて，はじめはよく遊んでいたが今は行かなくなった。自信がない，対抗心がない。子ども

に対して弱いようだ。

（5） Eちゃん（男）　　母32歳，父38歳の時に第1子として出生。

1990年4月，3歳児で入園。始歩2歳6ヶ月，全身の筋力が弱い。

スーパーマーケットの商品棚の瓶に興味がある。赤ちゃんが泣くと耳を手でふさぐ。溝や哺乳瓶の中につばを吐く癖がある。お茶をコップからは飲めないのでストローで吸っている。

「ワンワン」「シー」らしく言っているがほとんどまだ発音不明瞭。

1991年2月，便秘症で服薬中である。クラスの部屋からすぐに出たがる。順番が待てない。最近は機嫌良く遊ぶ。単語も少しずつ増加している。しかし，まわりの動きには無関心。

1993年2月，近所には年輩の人が多く，子どもが少なくて遊べる相手がいない。土曜日に，廃品回収やハイキングを共にする子ども会がありそれに連れて行くことが多い。

（6） Fちゃん（男）　　母40歳，父42歳の時に第1子として出生。

1991年4月，3歳児で入園。「めばえ教室」にも通った。

1歳9ヶ月の時に気管支狭窄で手術を受けた。

「子どもの城療育園」で月2回個別指導を受けている。

排尿排便未自立。言語は発音が不明瞭だが，単語を幾つか獲得している。

1991年10月，頸椎のレントゲン検査異常なし。教師の指示を了解できない。

1992年10月，部屋中にものを引っ張り出して散らかす。ポイと放り投げることもよくする。乱暴な他児のまねをする。課題に対してできないとわかると泣く。3歳児に乱暴した時に叱られると泣く。

ことばの獲得も順調で，「うるさい」「ただいま」「はい」「いただきます」「ブーブー」「ボー（ル）」「できた」とバンザイをする。

1993年2月，降園後買い物をして帰宅し，昼寝を1時間ほどするが，夜はなかなか寝付かないため朝が起きにくくて，それで欠席になることが多い。

排尿はほぼしくじらなくなった。排便はまだ知らせない。

麺類が好きで，にぎり箸で上手に食べる。

1993年11月，父の帰宅が遅く，TVを見て待っていて，父と入浴してからの就寝が深夜になり，朝起きられなくて登園が2日に1回の割である。

家内で遊ぶのが好き。マジックボードをよくいじっている。ものをポイポイと放り投げる。「ママイマ」「オチタ」「キレイナー」といったことば使いで状況によく合致しているが，会話としてはまだやりとりできない。

1994年4月，校区の小学校の養護学級に入学した。

（7） Gちゃん（女） 　母50歳，父57歳の時に第4子長女として出生。兄3人は健常児。

生下時体重4,200g，仮死（+）。始歩1歳8ヶ月。

1992年4月，3歳8ヶ月の時，心室中隔欠損の治療手術を受ける。心雑音はない。

1993年4月，4歳児で入園。胃が小さいのか何度にも分けて食べる。毎日1時間から1時間半昼寝をする。通園バスの中でもよく眠る。排尿排便は未自立で，朝食後浣腸をして排便をしてから家を出る。ことばは「マンマ」程度。

（8） Hちゃん（男） 　母36歳，父38歳の時に第2子として出生。

1994年4月，3歳児で入園。シャワー，車のワイパー，暗闇が恐い。

「ブー（自分のこと）」「ママ」「パパ」「バイ」としわがれ声で言う。

概して男の人が好きで，祖父が大好きである。

1996年9月，この頃スーパーマーケットや往来で見知らぬ人が本児の顔をじろじろ見ると「フンっ！」と言って顔をそむける。近所の人が訪ねてきて，玄関に出た本児と顔が合うとやはり「フンっ！」と言うので母は困るとこぼしている。家で母が話し掛けると，よく姉のまねをして「ムカツクナー」と言うので母も内心むかつくのはこっちだと思う。

（9） Iちゃん（男） 　母39歳，父37歳の時に第2子として出生。

1996年4月，3歳児で入園。出産時は2,406gの早産児。両手の親指が多指症，1歳時に手術を受け5本にしてもらった。「めばえ教室」にも通った。まだ未歩行で，週1回療育園に通い訓練を受けている。右耳が難聴。

ぬいぐるみで「イナイイナイバー」をしてやると喜ぶ。くすぐられるのも好き。夜は母に抱っこしてもらって寝る。おもちゃや道具類，砂を口に入れる。

少食で親が食べさせている。昼寝が日課で，園でもよく眠る。

排泄は未自立，出ても不快感がない様子。

人の髪の毛をよくつかみ，人の手もわしづかみにして爪をたてる。

第 4 章　発達障害児のための臨床心理学　111

(10)　Jちゃん（男）　　母 30 歳，父 31 歳の時に第 2 子として出生。
1996 年 4 月，3 歳児で入園。「めばえ教室」，「子どもの城療育園」にも通う。「療育園」で歩行訓練を受け，2 歳 6 ヶ月で自立歩行。合併症はない。

排尿排便はトイレに連れて行くと失敗しない。

VTR を見てよくまねをする。人のすることをじっと見ている。「カーレンジャー」がお気に入りの番組。

飼い犬のシーズ犬をよくいじめる。人に手を出すのが心配だという。

以上のようにこの 10 年間にわたしが「うの花幼稚園」で出会ったダウン症児は 10 人（男児 6 人，女児 4 人）います。それぞれの記録は断片的でまとまったものではありませんが，それぞれダウン症の特徴を区々に示していることがわかります。まずすべての子に知的発達の遅れがみられます。とりわけ言語の発達の遅れが著しいようです。それ以外には，歩行開始年齢が概して遅いこと，排尿排便が未自立であること，便秘気味の子が多いこと，心臓を主として合併症や奇形部位があることなどが目立っています。大阪の「子どもの城療育園」で早期療育を並行して受けている子が 2 人います。

入園時のカルテに記載されている両親の出産時の年齢を調べてみますとやはり比較的高齢であることがわかります。年齢の判明している 9 組の両親についてですが，まず，母親の場合，22 歳の若い出産の 1 人を除いて，30 代前半が 3 人，30 代後半が 3 人，40 歳が 1 人，50 歳が 1 人となります。この 9 人の出産年齢の平均は，35.00 歳（標準偏差 $\sigma=7.42$）でした。一方，父親の場合はさらに高齢で，9 人の平均は，37.22 歳（$\sigma=8.89$）でした。

6. 日本ダウン症ネットワーク（JDSN）の活動

「京都ダウン症児を育てる親の会」が全国の親たちにアンケート調査をした結果，6 割以上の人に病院の対応に不満を抱いた経験があったそうです。たとえば，ダウン症と告げただけで親を避けるとか，小児科の病院を紹介するだけという産婦人科医もいたということです。「発達は望めないどうしようもない障害」「はっきり言って知恵遅れ」と言われた親もありました。このように，医療関係者らの知識や対応は不十分で，さらに情報不足が親たちの不安を高め

ているといった現実があります。

　ダウン症児（8歳）を持つ1人の母親は自身の体験を次のように語っています。「ダウン症の子どもは人なつこくて心優しい。感受性も豊かだ。そういうことは当時，遺伝学の普通の教科書には書いてなかった。小学校の普通学級に入学させるため，学校側の理解を得るのに苦労した。入学してみると，友だちもでき，言葉を組み合わせて思ったことを他人に伝えられるようになった」ということです。この母親たちが中心となって，各地の親や医師，福祉施設職員，教師などの専門家が集まり，1996年12月に「日本ダウン症ネットワーク（JDSN）委員会」を発足させました。茨城県ダウン症協会が開設していたインターネットのホームページで，情報の充実を進めています。

　ホームページは，ダウン症の基礎知識，子どもの育て方，教育，食事・運動の注意点，親の手記や親の会の活動の紹介，参考文献などを掲載しています。情報を網羅した情報図書館も開設する予定です。パソコンを使えない人のために，保健所などを通じた情報提供も検討しています。

　出産前に子どものダウン症に悩む親も出てきています。傷害・病気を持つ可能性を胎児の段階で判断する出生前診断が広がっているからです。体外受精した受精卵で異常を調べる着床前診断も臨床応用されようとしています。母親の血液を調べる「母胎血清マーカー検査」も増えてきました。しかし，この検査は染色体異常を確率で示すうえ，十分な精度とはいいきれず，妊婦に不安や混乱を招いています。こうした検査が安易な中絶につながりかねないのです。

　上に述べた母親は「単に肉体的な特徴だけでなく，子どもにいろんな面があることを知ったうえで親が判断できるよう，カウンセラーなどの制度が必要だ」と訴えています。日本人類遺伝学会は，出生前や出生後に相談に乗るカウンセラーの資格制度づくりに向け，準備を進めているようです。

　JDSN のホームページのアドレスは，http:/www.infofarm.cc.affrc.go.jp/~momotani/dowjl.html（参考：「広がるダウン症情報の輪」朝日新聞1997年11月23日付朝刊より）。

7. ダウン症の理解のための映画と本の紹介

○ベルギー映画：ジャコ・ヴァン・ドルマル監督『八日目』1996年制作。

母に逢いたくて施設を抜け出したダウン症の青年ジョルジュ（パスカル・デュケンヌ）は，偶然にも，仕事一筋のため妻子に見はなされていたエリート社員アリー（ダニエル・オートゥイユ）と出会います。競争社会のなかですっかり自分を見失っていたアリーですが，ジョルジュとの旅を続け，一緒に時を過ごすうちに，人間らしさをとり戻していきます。

全く環境の違う2人が出会い，お互いの人生を変えていくという展開は，自閉症の兄のもとを訪ねる弟が登場する映画『レインマン』とそっくりです。しかし，この『八日目』の方は，ダウン症の俳優がそのままの役を好演して忘れがたい印象を残し，主役の2人は，1996年のカンヌ映画祭でそろって最優秀男優賞に輝きました。

映像マジックを駆使したファンタジックな映像と色彩感覚が秀逸で，とくに，終盤での花火シーンの美しさは絶品です。そして，すぐ後にやってくる悲しいラストは，現実の厳しさを忘れさせない結末ですが，後味は実にさわやかで，心にしみる優しさと温かさに満ちあふれた人間賛歌となっています。

この主役を演じたパスカル・デュケンヌ（27歳）は，幼いころから両親に厳しくしつけられ，スポーツ・芸術教育を受けてきたそうです。早期療育（教育）の成果が見事に実りつつある例といえるでしょう。

○ジーン・ストーリングス＆サリー・クック著『アナザー・シーズン』

北代晋一訳　翔泳社　1997年。

ダウン症児を育てる家族の姿が生き生きと描かれていて感動させられます。

〈参考文献〉

安藤忠・待井和江（監修）　1992　ダウン症児の保育　同朋舎出版
池田由紀江（編）　1992　ダウン症児の発達と教育　明治図書
池田由紀江・菅野敦（編）　1994　ダウン症児の言葉を育てる　福村出版
上出弘之　1984　ダウン症候群（新福尚武編『精神医学大事典』講談社）Pp. 591-592.
国分康孝（監修）　1997　スクールカウンセリング事典　東京書籍
大阪養護教育振興会（財団法人）　1993　ダウン症児とあゆむ―幼児教室の記録―

6. 注意欠陥多動性障害（ADHD）と学習障害（LD）

1. 注意欠陥多動性障害とは

　注意欠陥多動性障害（ADHD：Attention-Deficit Hyperactivity Disorder）は，DSM-Ⅲ（米国精神医学会の『診断と統計のためのマニュアル』第3版，1980年）になって正式に登場した概念といえます。DSM-Ⅲでは従来から異議の多い微細脳機能障害（いわゆる，MBD：Minimal Brain Dysfunction）の概念を特異的発達障害と注意欠陥障害とに分けました。その後，DSM-Ⅲ-R（改訂版）では，両者は注意欠陥多動性障害と名称変更して統一され，DSM-Ⅳでは診断基準項目に手が加えられて再掲されています。本論では，以後，ADHDという略称で述べていきます。

　ADHDは，その概念の歴史からみて，脳器質障害との関連を予想させますが，古典的な意味での脳器質障害性の疾患とは症状的にも異なるとされ，この概念の登場の時点で，ADHDは小児における器質性脳症候群という疾患学的位置づけから離れ，注意機能の障害と多動性，衝動性を前景にもつ症候群とされるようになっています（中根, 1997）。

　この後にも触れますが，ADHDの子どもの70〜90％に学習上の問題があり，そのうちかなりのものが，発達性の読字障害や算数障害であるとされています。しかし，小学校では単に情緒的問題ということでしか対応されていないことが多く，親や教師の無理解や誤解により，不当な扱いを受ける危険性があります。

2. 注意欠陥多動性障害の病因論

　ADHDは，うつ病性障害，強迫性障害，さらに，トゥレット障害を伴う頻度が高いところから，ADHDと強迫性障害，トゥレット障害の三者は神経病理学的には一連の障害ではないかと示唆されています（中根, 1997）。

　ADHDは家族性の発現率が高く，児童期にADHDを有した親の子どもの57％がADHDの症状を示していたという報告があります（Biederman, J. et al., 1992）。

　ADHDでは，さまざまなアプローチから前頭葉機能の異常が推定されてい

ます。その前頭葉にあっても、維持性注意に関係する部位が有意に小さいこと、そして、多動性と衝動性に関係する部位が有意に大きいことから、ADHDは前頭葉の発達および機能に異常があると示唆されています。

また、ADHDの子どもの親で、かつ多動な成人のグルコース代謝を検査したところ、健常な成人に比して注意と運動性活動をコントロールする部位で有意な低下がみられたということです（Zametkin, A. J. et al., 1990）。最近、このような症状に対して、methylphenidate（メチルフェニデート）という薬物の投与により回復がみられるという報告から、臨床的によく用いられているようです。

さらに、眼球運動の検査では、ADHDの場合、視線の固定の困難さが有意にみられ、じっとしていることができないという過活動に基礎的病理があるという、つまり、前頭葉機能の異常を裏付ける証左になっています。

3. 注意欠陥多動性障害の行動特性

ADHDは、注意の障害、過活動、衝動性によって定義され、診断されます（表4-3）。ADHDの子どもの行動特性として、気が散りやすくすぐ他の行動に移ってしまう、ケアレスミスが多い、注意集中を必要とする課題をいやがる、絶えず周囲にあるものをいじったり、身体を揺らしたりして、じっといていないなどが挙げられます。さらに、教室で教師の質問が終わらないうちに、出し抜けに答えてしまう、列に並んでいられない、ゲームや集団の場での待機ができない、他人の邪魔をしたり、口を出したり、静かにしているべき場所でもおしゃべりが多いなどの抑制の欠如が目につきます。好奇心も強く、他人が面白そうなものを持っているとすぐ欲しくなり、無理に取り上げたり、万引きをしてでも自分の手にしようとする、他人が自分のしていることに手を出すのを嫌ったりすることが目立ちます。

表4-3 注意欠陥多動性障害の症状
（中根, 1997）

A）注意の障害
　　注意の選択と配分の障害
　　注意集中時間の短縮
B）過活動
　　移動性多動
　　非移動性多動
C）衝動性
　　易刺激性
　　判断より反応が先行
　　抑制の困難

4. 注意欠陥多動性障害児の乳幼児期の特徴

ADHDの子どもは、乳児の時から次のよう

表 4-4　DSM-III-R の診断基準

314.01 注意欠陥多動性障害（ADHD）
注：その行動が同年齢にある大多数の者より，かなり頻繁にある場合のみ，基準を満たすものとせよ。
A．以下の行動のうち少なくとも 8 項目が存在する期間が少なくとも 6 ヵ月続く障害。
　(1) 手足を度々そわそわと動かす，または椅子でもじもじする（青年期では，落ち着けないという主観的感情に限られるかもしれない）
　(2) いわれても座ったままでいる事が困難
　(3) 外界からの刺激で容易に気を散らす
　(4) ゲームや集団的な状況で順番を待つことが困難
　(5) しばしば質問が終わらないうちに答えてしまう
　(6) 他者の指示に従ってやり通すことが困難（反抗的行動，または理解の障害に起因するものではない）
　　　例，小さな用事をやり遂げられない
　(7) 勉強や遊びの活動に注意を集中し続ける事が困難
　(8) しばしば 1 つの事が未完成のまま，次にうつる
　(9) 静かに遊ぶことが困難
　(10) しばしば喋りすぎる
　(11) しばしば他人の邪魔をしたり介入したりする，
　　　例，他の子どもたちのゲームの邪魔をする
　(12) 自分に話しかけられたことをしばしばよく聞いていないように見える
　(13) 学校や家庭での勉強や活動に必要なものをしばしば粉失する（例，玩具，鉛筆，本，宿題）
　(14) 起こりうる結果を考えずに，しばしば身体的に危険な行動をとる（スリルを得たい目的のためではない），例，よく見ないで道路に飛び出す
注：上の各項目は崩壊性行動障害の DSM-III-R 基準の全国臨床試行によるデータに基づいて，識別力の大きいものから順に並べられている。
B．7 歳未満の発症。
C．広汎性発達障害の基準を満たさない。

な症状をみせるといわれています。すなわち，▽笑わない，▽表情の変化に乏しい，▽喃語（赤ちゃん独特のウマウマ，マンマなどといった発声）が少ない，▽抱いたとき体に寄り添ってこず，硬い感じがする，▽目が合わない，▽おちょうだい，指差しなど教えてもまねない，▽何となくイライラしている，▽カンシャクを起こす，▽乳を飲ませると，時に噴水のように吐く，などで，早くから親としても非常に扱いにくい子のようです。

　そして，3 歳から 5 歳になると，▽気の向くまま無目的に動き回る，▽物をいじくりまわす，こわす，▽言葉の遅れ，▽人間に関心を見せない，▽話しかけても心にしみ込まない（ある母親は「陶器に水をかけるよう」と表現した），

第4章 発達障害児のための臨床心理学　117

▽集団に入れない，▽ひとり遊びが下手，といったことがあります。

さらに，行動面では，▽ハサミが上手に使えない，▽自転車に乗れない，▽左ききか右ききかわからない，▽言葉の理解がとんちんかん，▽文字への理解が遅い，左右が逆の鏡文字を書く，▽まっすぐ歩けない，▽ロボットのような抑揚のない話し方をする，▽「どうして？」とオウムのように単調に，しつこく質問を繰り返す，などがみられます。

このように，多動であったり，奇声をあげたり，表情に乏しいということで，情緒障害児や自閉症児と間違えられることもあります。あるいは，事情がわからなくて，親は無理解のまま，この子どもを叱りつけたり体罰を加えたりすることがよくあります。その結果，子どもは指しゃぶりや自傷行為などの二次障害を起こすことになります。「うの花」幼稚園にもこのような子どもたちが，時に自閉症児と区別がつかない様子でよく見かけられます。まだ5歳以下の子どもたちですので，その後小学校に入学してからどのように変化してゆくのか予断を許さない状態でもあるのです。

5. 注意欠陥多動性障害の長期予後

ADHDが臨床的に問題となるのは幼児期から学童期にかけてであり，これに伴う症状は長期にわたって持続するという説が，今日，有力となっています。年齢が大きくなると，注意の障害や多動が薄らいでくるであろうという考えは多くの研究によって否定されてきています。

たとえば，米国のある調査によると，63例の15年間の追跡から，66％が能力面での障害をもち，44％が多動であり，23％が反社会的人格障害を呈していたとされています。また，別の研究では，6〜16歳のADHDの15％は4年後には寛解しているが，85％は症状が持続しており，正常対照群と比較して，行動障害，気分障害，不安障害が増していると報告されています。そして，追跡調査では，成人期になって，ADHDの症状が11％，反社会的人格障害が18％，薬物乱用は16％に認められ，反社会的人格障害と薬物乱用が共存しているとのことです。

ここで注意すべきことは，すべてのADHDの子どもが衝動性や攻撃性に基づく行為障害を合併するわけではないということです。これは英国のある調査

報告によるものですが，多動児を行為障害を伴うものと伴わないものに分け，行為障害を伴わない"純粋な多動"の5年後の予後調査をしたところ，攻撃性や反社会的行動を示すものはほとんどなかったということです。

一方，多動は行為障害の前駆症状であり，両者の関係は緊密であるとする考えも否定できません。いわゆる多動性行為障害は，ADHDに行為障害が合併したものですが，行為障害と診断される思春期青年のかなりの割合でADHDを思わせるような既往がみられるということです。すなわち，ADHD男子の103名の追跡から，逮捕39％，有罪28％，収監9％と，正常対照群と有意な差を示しているとする報告もあります。つまり，ADHDの子どもの中には10代になって非行を起こす危険の高い1群があることがわかります。反抗や攻撃性が後年の反社会的行動の危険性のシグナルであるということです。

小学生年齢に認められるADHDの激しい行動障害は，中学生になっても繰り返し起こってきて，しばしば警察の介入を必要とするような事件を起こします。そのような場合の背景の一つには，学業面の遅れがあり，もう一つは衝動性と攻撃性です。これらは家庭内でも社会的にも許されないものであり，そのために親と子ども，生徒と教師が対立することが行為障害の発生の下地を作っていると考えられます。こうした生活環境や学校環境が徹底的にこじれない前に問題が出現してくるのがADHDの特徴ですから，問題を発見した時点で早期に対応することが行為障害を未然に防ぐ手掛かりになるということです（中根，1997）。

6. 学習障害とは

学習障害（Learning Disabilities，以下，LDと略称します）とは，中枢神経系に何らかの機能障害が推定され，聞く，話す，読む，書く，計算する，推論するといった基本的な学習能力の習得や活用に困難を示しやすい子どもたちに対して使用される比較的新しい発達障害概念です。LD児の学習困難の背景には認知（情報処理）過程における発達的偏りが個人内差として存在します。そうした認知面の特異性から派生するさまざまな影響は，学習面だけでなく情緒や行動面にも深刻な問題を引き起こす可能性があります（上野・名越，1994）。（表4-5参照）

表 4-5 LD 児の行動特性と派生しやすい問題症状（上野・名越, 1994）

行動特性	問題症状
①多動性・衝動性・注意散漫	自己統制力の低さ, 選択的反応の低さ, 感情の未成熟
②不器用・不格好・不注意	感覚―運動統合の問題, 視覚認知の問題
③理解力の弱さ	聴覚認知の問題, 意味理解の問題 状況やことばのニュアンスの理解の問題
④強情・反抗・挑発	欲求不満耐性の低さ, 限界に挑む欲求の低さ
⑤過敏性・低い自尊感情	自己像の貧しさ, 予測できないことへの恐れ, 知覚と協応動作の問題, 感情コントロールの未発達, 失敗経験の重圧
⑥過度の要求・固執・未熟さ（自己中心的）	スキルの弱さと自信の欠如, 欲求不満耐性の低さ, 注意の焦点の移行困難, ソーシャルスキルの未熟さ
⑦学業を避ける・むらがある（意欲のなさ）	失敗への恐れ, 記憶（記銘, 検索）の悪さ, スキルの弱さ

　言葉を音で理解し，話すことができるのに，文字が普通に見えず，ごちゃごちゃの線のかたまりに見えているために読み書きができないようです。聞き取れる音の範囲が狭いため，教師の声が壁に反響して授業に集中できないことが原因となる場合もあるようです。その他にも，花瓶に生けた花々がひとかたまりに見えるとか，父親の声だけが不快で父親を避けるとか，いつも軍手をはめているような手の感覚しかない，などといったようにさまざまで特異な症状を示します。

　これは，視力や聴力そのものに異常があるのではなく，大脳皮質に何らかのトラブルがあって脳の機能が偏っている状態なので，周りの人たちには子どもの抱えている困難や苦労がわかりにくいのです。そのため，親や教師，友だちがつい叱りすぎたり，ばかにしたりすることがよくあります。そして，それが続くとその子どもの人格が傷つき，歪みをみせるなどの第二次症状を起こし，それがさらに問題児扱いを生むという悪循環になってしまいます。

　米国のある州で非行，犯罪を犯した10代のグループを調査したところ，36.5％がLD児と診断されたそうです。無理解が不登校や非行，犯罪へと子どもたちを追いやっているのではないかと指摘されます。

7. 学習障害児のソーシャルスキル

　LDそれ自体は早期に発見し，適切な教育をすれば欠けた能力を補うことが

可能といえます。しかし,「LD児の治療教育においては,彼らの学力の補償や支援が大きな課題となるが,同時に,自己有能感や自尊感情の育成は学習の動機づけを高めるだけでなく,生活全体の適応感の保持からみても大切な課題である。自己および他者認知力の弱さや対人的社会行動能力の遅れは,家庭,学校,そして地域社会において人々が,彼らの年齢や知的水準から期待する程度をはるかに下まわることが多い。それは一種の『社会化の壁』現象として,彼らの前に立ちふさがる傾向が強い」(上野・名越,1994),という捉えかたは重要です。それゆえ,彼らの学習の困難な教科の特別指導だけでなく,友人関係や自己認知面での援助が並行してなされることがより効果的であるといえるでしょう。

　これは,LD児にみられるソーシャルスキルに問題があるゆえと考えられています。彼らのソーシャルスキルの諸特徴をその原因からみると次の3つに大別できるようです(上野・名越,1994)。

（1）　**社会的認知の弱さ**　　多くのLD児は社会的な気づきに欠け,行動に結びつく重要なソーシャルキュー(社会的手がかり)を見逃しがちです。たとえば,場に適した言葉や衣服を選ぶことが困難です。ある特定の社会的行動が必要とされている状況に気づかず,結果的に不適切な行動へとつながります。こうした社会的認知の弱さは,LD児の非言語的なコミュニケーション理解の問題と深く関係していると思われます。コミュニケーションの高度かつ微妙なレベルの習得には,相手の表情や声の調子など,非言語的な手がかりに対する感知と読み取りが必要です。しかし,こうした理解が弱いLD児は周囲の人々には自明であっても本人は気づかないことがあるのです。

（2）　**社会的行動レパートリーの少なさ**　　LD児は仲間関係において気配りや順応性に欠けています。それゆえ否定的な関係に巻き込まれやすく,肯定的な反応を示したり受けたりすることが少なくなるのです。また,他者に対して支持的な気持ちがあっても,そうした行動を適切に遂行することができません。忘れ物をした仲間に自分の持ち物を貸してしまい,自分が困ってしまうことがあります。共有したり,先生に尋ねるよう提案するなど,別の適切な形での援助ができる場面での,全体的な見通しや柔軟な行動の選択の幅が少ないからです。

（3） 言語的コミュニケーションの弱さ　言語的なコミュニケーションの発達においても，LD児は問題を示すケースが多いようです。たとえば，社会的文脈で使用される適切な言葉の選択に関しても適切さを欠くことがあります。誰が，いつ，誰に，何を言えばよいかを十分に理解していないことがあります。LD児は，与えられた情報が不十分な時それを確かめたり，新しい情報を求めたりしません。言葉に説得力がなく，発展的なやりとりも少ないのです。会話が相互依存的に成り立つことへの意識が弱く，一方的で相手に合わせようとしないケースも目立って多いのです。

8. 学習障害児へのソーシャルスキル指導

　子どもの学業成績とソーシャルスキルとの関連を示す研究が増えてくるにつれて，学習面の指導に偏りがちな教育場面で，ソーシャルスキルや対人行動の指導の重要性を認識する教育実践者が現れてきています。

　児童期に仲間から受け入れられない子どもは，青年期になって非行に走ったり退学しやすく，成人期においても精神生活面での問題を呈する可能性が高いという報告も多く出されています。児童期の仲間関係が現在の社会的不適応や学業成績だけでなく，青年期以降においても重大な影響を与えることになるといった縦断的研究も看過できません。そこで我が国におけるLDへの取り組みがどのようなものであるかを，以下の例で探ってみましょう。

　愛知県刈谷市井ヶ谷町桜島の「見晴台学園」（中，高等部あり。文部省無認可）は，全国初の学習障害児のための学校です。愛知県や三重県などから，11歳以上の35人が通っています。教諭は非常勤を含めて約15人，教員だった人もいれば，指導経験のない主婦やボランティアの大学生も運営を手伝っています。

　この学校の理念は「互いの人格を認めあい，障害を理解しあい，より高い人間性を，目指す」というものです。入園前に精神発達の程度をテストしますが，知的障害児も学習障害児も不登校児も区別なく受け入れています。

　この学園を設立した「学習障害児の高等教育を求める会」の鬼頭美也子会長は「反復練習はしません。教科書もありません。仕事って楽しいぞ，と分かってもらう取り組み，人に対する信頼感を養う取り組みをする場所です」と語っ

ています。

　大阪市総合医療センター児童青年精神科の臨床心理士，前田志寿代さんが関わったあるLD児の場合は次のようなものでした。

　彼が初めてこのセンターに来たのは1982年6月で小学校1年生の時でした。「学校で座って授業を受けない，授業中に前の席の子にいたずらする」など，いわゆる「多動」の子でした。本人も「自分は叱られてばかりのダメな子」と思い込んでいました。脳波には異常がなく，当時は微細脳障害（MBD）と診断されました。安定した環境で過ごすため，1ヵ月間の入院となりました。

　薬はその子の必要に応じていろんな種類が処方されますが，彼の場合，鎮静系の薬が効いたようでした。院内学級にも通いましたが，児童3人に対して先生は1人でした。先生は，彼のやったことをできるだけほめるようにしました。そうすると，だんだん彼の気持ちに変化が現われました。グループ治療も効果があったようです。少しずつ周囲を理解し，対人関係を深める訓練を受けました。

　退院後，学級担任がセンターと連絡を取り合い，戸惑いながらも協力して彼に対応してくれました。6年以上グループ治療に通った彼は，今，手先の不器用さは残っているが，ある会社で元気に働いているそうです。

　「LD児も，早くから適切な治療や教育を受けられれば，少なくとも，いじめの対象になることや，自分はだめだと思い込む二次障害は防げます」と，前田さんたちは，LDのことを教育者や保護者に正しく知ってもらう必要性を訴えています。(cf. 朝日新聞，1995年12月20日付け夕刊，「LD（学習障害）って何？」より。)

　要するに，LD児へのソーシャルスキル・トレーニングの指導原理としてまとめるならば，次の4項になるでしょう。①自己有能感を高める……成功感を体験させ，自信を育成する，②何らかの葛藤場面をしばしば経験させる……失敗や混乱状況に耐えさせ，自発的な問題解決能力を伸ばす，③自己評価，他者評価の機会をつくる……自分の特徴を知り，他者の考えや特徴を知り，他者の視点からの自己像についての認知を体験させる，そして，④スキルの般化……トレーニング場面での体験を，日常的な家庭や学校という場に拡張させて段階的に実践を積み上げてやる，ことが必要です。

9. 最　後　に

　最近刊行された司馬理英子著『のび太・ジャイアン症候群』（主婦の友社，1998年）は，先に述べたADHDについての啓発書ですが，LD児を理解する上でも非常に参考となるでしょう。落ち着きがない，順番を守らない，おしゃべりで人の邪魔をする，人の話をよく聞かない，忘れ物が多い，あと先を考えず突っ走ったり，危険な行動をする，といった子どもをアニメの『ドラえもん』の中の登場人物である「のび太」と「ジャイアン」にたとえています。つまり，いじめっ子もいじめられっ子も同じ心の病が原因だと説いています。つまり，いじめたりいじめられたりの悲劇は，二次障害の現象ということになります。

　また，ただでさえ子育てに難渋する親たちが多い現在，とりわけ扱いにくい多動で不器用な子どもには，心ならずも叱ったり折檻をしたりしがちです。これは親のみならず，保育者や教師にも起こりがちなことです。そこで，ふと我に返れるように，一読しておくとよい近著を推薦しておきましょう。それは，武田京子著『わが子をいじめてしまう母親たち―育児ストレスからキレる時―』（ミネルヴァ書房，1998年）と題された本です。

〈参考文献〉

Biederman, J., Faraone, S. V., Keenan, K. et al. 1992 Further evidence for family-genetic risk factors in attention deficit hyperactivity disorder. *Arch. Gen. Psychiatry*, **49**, 728-738.

中根　晃　1997　行為障害と注意欠陥多動性障害　思春期青年期精神医学, **7**(1), 21-29.

司馬理英子　1998　のび太・ジャイアン症候群　主婦の友社

武田京子　1998　わが子をいじめてしまう母親たち―育児ストレスからキレる時―　ミネルヴァ書房

上野一彦・名越斉子　1994　特集―ソーシャルスキルズ・トレーニング（SST）II．LD（学習障害）児への適用　精神科治療学, **9**(10), 1089-1094.

Zametkin, A. J., Nordahl, T. E., Gross, M. et al. 1990 Cerebral glucose metabolism in adults hyperactivity of childhood onset. *The New England Journal Medicine*, **323**, 1361-1366.

7. 現代の家族と家族療法

1. はじめに

　現代は，家族の危機と学校という教育機関の存亡の瀬戸際の時代といえます。子育てをめぐるさまざまな問題があります。それには，核家族の少子家庭における孤立して密室的な育児状況からの幼児虐待，乳幼児への関わり方のわからない未熟な母親たちの増加，危うい夫婦関係の中で疎外されていく幼い子どもたち，そして，その逆に，大切にはされているものの，いわゆる社会化への働きかけがなされないままに育つ自己中心的な子どもたちの激増といった事情があります。

　ひとつ「幼児虐待」についての最近の新聞報道によりますと，1992年から1996年までの5年間に，虐待で死亡したとみられる子どもが全国で328人にのぼり，うち245件は虐待死が確実視されることが，厚生省の研究班の調べでわかりました（朝日新聞，1999年7月28日付夕刊）。熊本大学の恒成茂行教授を中心とする研究班が，全国の法医学研究室が担当した法医解剖例から，虐待死とみられる18歳未満の子どもについて実態調査をしました。解剖所見などから判断して，245件のうち身体的虐待が195件で79.6％を占めました。次に，食事を与えなかったり，放置したりなどのネグレクト（無視）は28件（11.4％），屋外に駐車した車内に乳幼児を放置して死亡したケースは22件（9％）でした。平均すると1年間に約40人が身体的虐待で，約10人がネグレクトと車内放置でそれぞれ死亡していることになります。

　死因をみますと，頭部外傷が46.1％と最も多く，窒息死（17.6％），熱中症（8.2％），全身衰弱（6.9％），腹部外傷（6.5％），外傷性ショック（5.7％）と続いています。年齢的には，身体的虐待の場合は，4人に1人が零歳児で，3歳以下が4分の3を占めました。ネグレクトは半分を，車内放置による死亡は7割弱を，それぞれ零歳児が占めました。

　各法医学教室のデータを総合しますと，虐待をした人は実母が最も多く25.7％，続いて実父が12.7％，義父が7.8％,，実父母が4.9％の順に多かったということです。その他は継母や親類，祖父母による虐待でした。

今回の調査は法医解剖が対象で，死亡に至らない性的虐待や心理的な虐待のケースは含まれていません。それだけに事態は深刻だといわざるをえません。
　次に触れておきたい話題は，低体重出産の子どもの生存率とその後の発達の経過についての報告です。これも新聞報道によるもので，全国の約200の新生児医療施設の最近の記録からわかったことですが，1995年の500グラムから1,000グラムの超低出生体重児の生存率は78％だということです（朝日新聞，1995年5月23日付朝刊）。1980年のデータでは，平均生存率が45％だったということですから，15年の間に格段の伸長がみられたということです。1995年の場合，500グラム未満の極超低出生体重児でさえその生存率は30％もあり，さらに，1,000グラムから1,500グラムの低出生体重児の生存率となると95％の高さになるということです。
　ところで，2,500グラム以下の低出生体重児の追跡が毎年行われていますが，たとえば1990年生まれの子ども853人に，精神遅滞や脳性まひといった発達障害がみられ，その数は全体の23％に上るということです。現代の著しい新生児医療の進歩とは裏腹に，生命の維持という福音の代償として，その後の困難な養育を担わされる親の苦労は並大抵のものではないと思わざるをえません。
　ともあれ，新生児・乳幼児期を無事に育った健常児であっても，幼児期以後の幼稚園・保育園時代，そして，小学校・中学校時代になって，さまざまな適応上の問題を示すことが多くなりました。登園拒否や不登校，いじめや自殺，摂食障害や家庭内暴力，そして，いわゆる非行や行為障害と，枚挙に暇がありません。家庭は家族の慰安所という機能を弱体化させ，学校はかつての地域の文化の殿堂という存在価値を低下させ，今や形だけの姿を残し，生き生きとした営みは幻想としてのみ捉えられるだけの空洞と化してしまいました。家庭というぬくもりのある愛の巣の再生と，もうひとつの"社会の家庭"ともいうべき学校の復活はあるのでしょうか。これはどちらも容易なテーマではありませんが，このまま座視することは許されない状況にあるといえるでしょう。これからの家庭の望ましいありかたとそのための支援の方策として何が可能かを以下に論じてみようと思います。

2. 家族の機能

家族機能（family functions）については，近年発展しつつある家族心理学の分野から次のような捉え方がされています。たとえば，詫摩武俊（1972）は，「現代人が家庭という場に求めるもの」という観点から，家族の機能を次の4点にまとめています。

その1は，「休息を求める場所」ということです。現代の社会はストレスに満ちているところから，心身の健康を保つためにストレスに立ち向かう対処法を身につけることが，われわれにとって大変必要なことといえるでしょう。一日の仕事や活動を終えてその疲れを癒すことのできるのは，やはり家庭のなかがもっともふさわしいものと思われます。家庭は憩いの場であり，荒波を越えて帰航した船にとって癒しのドックのようなものです。家に帰れば人は素顔に戻り，リラックスして休息できるのです。このような心理的効用を担うのが家族というものの重要な機能なのです。

その2は，「感情表現の自由」が挙げられます。家の外で抑えていた感情も，家族のいる前では気がねなしに表出することができます。喜びも怒りも，哀しみも楽しさも，家族と共有するところに価値があります。家族は社会における一つの生活単位であり，そこには一体感に基づく「われわれ感情」というものがあります。家族は人間関係における親密性の原点として，日常のさまざまな出来事を話題として意思を交し合い，相互の存在を確認し合う場だということです。

その3は，「子どもの社会化」を促進する機能となります。現代の家族は教育的機能を外部の教育機関（幼稚園，学校，学習塾など）に委ねている面もありますが，乳幼児に対しては依然として家庭が教育的機能を果たしているといえるでしょう。つまり，家族は子どもを社会の害から守り，保護するばかりでなく，子どもを社会人として一人前の人間に育成するしつけの機能を有しているのです。

最後に，その4は，「性的欲求を充足させる場」としての意味があります。これは人間にとって基本的欲求の1つでもありますから，それが満たされるか否かは家庭生活の充足感や幸福感を左右する重要な鍵となるでしょう。

3. 家族機能の変化

　ところで，社会の状況の変化が家族機能に大きな影響を及ぼしていることにも注目する必要があります。昭和30年代以降都市への人口集中が起こり，家族構造と生活様式が大きく変わってきました。たとえば，核家族は，昭和30年（1955年）では約1千万世帯であったものが，昭和60年（1985年）になると倍増して2200万世帯となっています。その半面，出生率は低下を続け，少子化の傾向が強まっています。1人の女性が一生の間に出産する子どもの数（合計特殊出生率）は，昭和25年（1950年）では3.56人であったものが，昭和50年（1975年）に2.00人を割ってから低下の一途をたどり，平成3年（1991年）になると1.53人と著しく減少しています。平成10年（1998年）の最も新しい『厚生省・人口動態統計』によりますと，合計特殊出生率は1.38となっています。ちなみに，その前年度（1997年）は，1.39でした。

　また，昭和50年（1975年）以降は，経済の低成長時代に入りますが，家庭のライフスタイルが多様化し，余暇の増大，進学率の上昇，結婚年齢の高齢化，男女の役割分担の変化などの傾向が出てきました。

　ちなみに，1998年の平均初婚年齢は，夫28.6歳，妻26.7歳で，夫は1987年以降ほぼ横ばいですが，妻は1992年以降毎年高くなっています。一方，1998年の離婚件数は243,102組（離婚率1.94）に上り，前年より20,467組増加しました。これは統計史上（1899年以降）最高の件数となっています。その離婚件数を同居期間別にみると，5年未満で90,766件，5～10年未満が51,649件，次いで20年以上の39,592件で，前年に比べすべての期間で増加しています。

　経済企画庁がまとめた『国民生活白書（平成2年版）』によると，国民の意識の上でも，家族は変化しているとみられています。すなわち，「家族の役割が変化していると思う」と答えた人は68.6％で，「変化していると思わない」と答えた人30.8％を大きく引き離しています。それでは家族機能の変化はどこにみられるかをさらに問うと，「親の世話をするという介護面」を挙げる人が最も多いということです。つまり，家族介護機能が弱体化しているという指摘に符合することがわかります。今まで家族の間に求められていた役割が，たとえば，衣食住といった基本的な問題も，家庭の外で安易に得られるようにな

った状況があります。家庭で衣服を仕立てたり繕ったりすることもまれになり，外食やスーパーマーケットなどで売られている惣菜で食生活を賄うことも多くなり，都会や近郊では集合住宅や団地住まいで家屋の修理や庭や畑の手入れをする人も少なくなりました。さまざまな代行システムの開発や組織化により，金銭的に解決できるようになってきたことも家族機能の低下を招いた一因と考えられます。

　しかし，家族には，金銭的に解決したり，簡単に代行できない機能もあります。それは家族に求める役割として，「心の安らぎを得るという情緒面」が第一に挙げられていることからもわかります。家庭の機能に付与された「休息・憩いの場」としての重要性は，米国の社会学者パーソンズ（Parsons, T.）が，家族に残された最後の機能は「成人のパーソナリティの安定化と子どもの社会化」であると指摘している点につながります。つまり，子どもの社会化を促進するためにも，家族の情緒的な安定はきわめて大切であるということです。

　ところが，ここまで述べてきましたように，現代の家族の機能は低下し，弱体化しているという事実があり，家族間の精神的なきずなは弱まっているようです。家族のなかで最も必要であると思われる「心の安らぎの場」，「憩いの場」としての機能が希薄化し，次第に失われつつあるということは，まさに家族の危機であり，心理的な援助を要する現状にあるといわざるをえません。

　最後に，家族というシステムの果たすべき役割について次のような提言を挙げて本稿の主題の基点とすることにしましょう。すなわち，家族機能について，戦後増加の一途をたどっている核家族に期待されている基本的な機能として，岡堂哲雄（1991）は次の3点を挙げています。

① 家族の人々の生存に必須の衣食住を確保し，生命・生活の維持と健康の増進をはかる機能。
② 個人と家族の発達課題に取り組み，心身の成長を促進する機能。
③ 個人および家族が直面する危機への対応能力。心理的・社会的な問題の解決機能。

4. 家族の健康度

　心理学的に健康な家族と，そうでない家族を区別するための理論的枠組みに

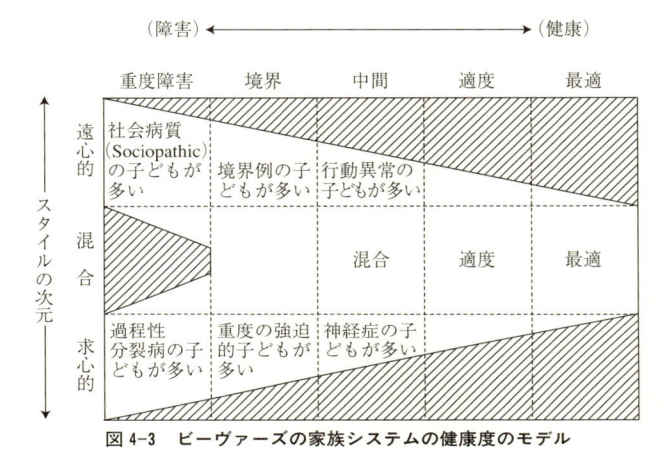

第4章　発達障害児のための臨床心理学　129

```
           （障害）←――――――――――→（健康）
           重度障害　境界　中間　適度　最適
  遠
  心   社会病質
  的  （Sociopathic）境界例の子 行動異常の
       の子どもが  どもが多い  子どもが多い
       多い
ス
タ  混
イ  合                      混合  適度  最適
ル
の
次  求   過程性    重度の強迫  神経症の子
元  心   分裂病の子 的子どもが  どもが多い
    的   どもが多い 多い
```

図4-3　ビーヴァーズの家族システムの健康度のモデル

ついていくつかのモデルが提示され，家族システムの健康度の尺度化が試みられています。

　まず，ビーヴァーズ（Beavers, W.）の家族システムの健康度のモデルは，家族の集団としての遠心性と求心性を縦軸に，健康性そのものを横軸にとった二次元尺度です。遠心的とは家族を外側に追いやる力が働くことを意味し，求心的とは家族内に吸収し埋没させる力が働くことを意味します。そのいずれも極端な場合は機能障害を起こし，遠心的な家族では社会病理的なケース，また，求心的な家族では分裂病のケースが多いとみられます。そして，その中庸的な家族が健康であることを示しています（図4-3）。

　一方，横軸は，家族の機能水準を適応性の次元からみて，最適のレベルから重度の障害レベルまでを5つの段階に分けています。この縦横の二次元から考察すると，適応水準が上がるにつれて極端に遠心的でも求心的でもない中庸の家族システムになることがわかります。

　ビーヴァーズはこのシステム・モデルを考える上で，次の5つの側面から家族の機能水準を区別しています。その1は「家族の構造」です。これは家族内にある勢力構造やリーダーシップの機能，メンバー間の情動的な結びつきなどのレベルです。その2は「家族神話」で，それぞれの家族のもつ神話が，現実とどの程度深い関わりがあるかということで，現実から掛け離れた神話のある場合は問題が起こります。その3は「対話の効率性」ということで，コミュニ

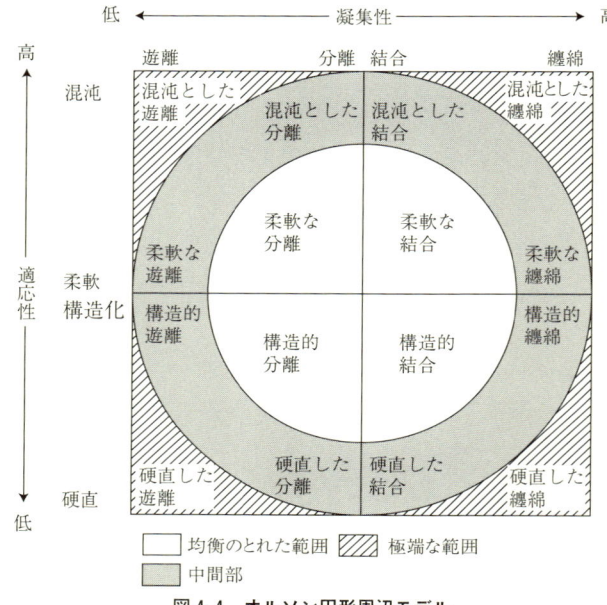

130　第Ⅰ部　養育と療育カウンセリング

```
　　　　　　　低 ←――――― 凝集性 ―――――→ 高
　　　　　　　　遊離　　　分離　　　結合　　　纏綿
高　　　　混沌とした　混沌とした｜混沌とした　混沌とした
　　混沌　　遊離　　　　分離　　｜　結合　　　　纏綿
　　　　　　　　　　　　　　　　｜
適　　　　　　　　　柔軟な　｜　柔軟な
応　柔軟　　　　　　分離　　｜　結合
性　構造化　柔軟な　　　　　｜　　　　柔軟な
　　　　　　遊離　　　　　　｜　　　　纏綿
　　　　　　　　　構造的　　｜　構造的　　構造的
　　　　　　構造的　分離　　｜　結合　　　纏綿
　　　　　　遊離　　　　　　｜
　　　　　　　　　　　　　　｜
低　硬直　　硬直した　硬直した｜硬直した　　硬直した
　　　　　　遊離　　　　分離　｜　結合　　　　纏綿

　　　　□ 均衡のとれた範囲　▨ 極端な範囲
　　　　▨ 中間部
```

図4-4　オルソン円形周辺モデル

ケーションがスムーズに行われているかどうかということです。その4は「自律性」で，メンバーの感情や考えを相手にどう伝えるか，家族が互いにどれだけ責任をもって関わるか，相手のなかにどのように侵入するかという問題です。その5は「情動性」で，自分の気持ちをどの程度表現できるか，家族の雰囲気はどうか，葛藤の程度はどのくらいか，共感のレベルはどうかといったことになります。

　ビーヴァーズは家族の機能障害のレベルによって症状を分類しましたが，この分類を固定的には考えず，連続的に変化する（移動する）ものであることを強調しています。つまり，家族の健康度は，機能水準の移行により高くも低くもなるということです。そして，健康性の指標としては，①友好的態度，②各人の主観的見解の尊重，③行動の動機の複雑さの受容，④能動性，⑤硬直せず，混沌とも違う柔軟な構造化，⑥両親連合，⑦各人の自律性の確立，などを主な要因として挙げています。

　また，オルソン（Olson, D. H.）の円形周辺モデル（図4-4）も，二次元図

表として表わされ，図形の中央の円形部分が，健全な家族とされています。

　家族という集団に治療的に関わる場合，このようなモデルに実際の家族をあてはめてみて，臨床家はまずみきわめをもつことが必要です。現在の状況を把握し，診断し，仮説を立て，そして，家族と治療者が現状認識と解決目標を共有するところから家族臨床は始まるのです。

5. 家族臨床

　家族への臨床心理学的活動には，予防と治療という2つの側面があります。ラバーテ（L'Abate, L.）は，家族臨床（clinical approaches applied to families）を，一次予防，二次予防，三次予防に分けることを家族心理学の立場から提案しています。一次予防とは，より充実した家族生活への指導であり，心理的ストレスが生じた場合にも対応できる能力の開発を援助することです。その対象はすべての家族ということになります。これに対して，二次予防とは，問題を起こす可能性の高い特定のグループに対する予防的対応を指します。たとえば，入院治療後，寛解して退院した患者を含む家族を指導することによって，再発を防ぐというような場合がこれにあたります。そして，ラバーテが三次予防というのは，いわゆる家族療法（family therapy）のことであり，危機介入（crisis intervention）を中心とした治療的働きかけのことです。

　さて，予防的な働きかけとしての家族臨床とは，教育的な働きかけを目指したものとなり，理論だけの講義によるよりもむしろ体験的な実習が効果的であると考えられています。人間関係への感受性や対話的関係の促進には，グループ体験を取り入れた体験学習が有効であるとされ，エンカウンター・グループ，感受性訓練といった技法が考案され，ゲシュタルト療法，交流分析，心理劇などの集団心理療法と相互に影響し合いながら，人間関係のスキル・トレーニングを次々と開発してきました。家族関係の教育にもこれを適用し，次に挙げるようないろいろな手法が編み出されるに至っています。

　まず，親教育の分野で，1964年に発表されたドレイカース（Dreikurs, R.）とソルツ（Soltz, V.）の方法は，アドラー（Adler, A.）の理論に基づくもので，STEP（Systematic Training for Effective Parenting）と呼ばれています。ドレイカースはアドラーの弟子で，ウィーンで学んだ後，シカゴで親のた

めのグループ・カウンセリング・センターを創立しました。彼は家庭の雰囲気を大切にすることと子どもの行動を理解することを教えます。好ましくないと思われる子どもの行動には「関心をひく」,「権力を握る」,「仕返しをする」,「能力のなさを示す」,などといった目的性が潜んでいるものです。それをよく理解して,適切な対応をすることによって,親と子のコミュニケーションは改善されると言っています。また,親と子が平等な立場で,家族全員が加わる家族会議を重視して,会議の進め方の手順を規定し,そこでは肯定的なやりとりを心掛けるように勧めて,家族の人間関係の修復を図ろうとします。

次に紹介するゴードン (Gordon, T.) の体系化した PET (Parent Effectiveness Training) は,1970年代の米国で急速に普及した親教育プログラムですが,日本では「親業訓練」の名称でよく知られています。訓練を受けたインストラクターによって指導される「親業訓練講座」を受講することにより,親が自分の行動パターンへの気づきを高め,より効果的に親としてのリーダーシップを発揮できるようになることが目標です。

また,ラバーテら (1977) は,「家族啓発プログラム」として FEP (Family Enrichment Program) というものを提唱しています。このプログラムのねらいは,家族に効果的なコミュニケーションの基本を学習させることにあります。その後,ラバーテは,第一次予防,第二次予防を目的として,記入課題を中心としたいくつかのプログラムを開発し,それらを総称して SEP (Structured Enrichment Programs) と呼んでいます。SEP には,特定の目標に応じて多くの種類があります。現在,50あまりのプログラムが考案されています。1つのプログラムは,いくつかのレッスンによって構成され,1つ1つのレッスンは,エクササイズと称する質問への応答記入を中心とする課題単位を集めたもので成り立っています。これらは,教育,評価,予防という三重の機能を果たしているとされます。SEP は,先に紹介した STEP や PET と比較すると,記入課題が具体的・特定的で,家族の状況に合ったシリーズを処方できるという特色があります。

ところで,親教育の体系に並行するように,夫婦の人間関係改善の試みも数多く開発されています。メイス (Mace, D. R.) の ACME (Association for Couples in Marital Enrichment),グァーニー (Guerney, B. G., Jr.) の RE

(Relationship Enhancement), そして, ナナリー (Nunnally, E. W.) らの CC (Couples Communication), といったものがあります。

　家族機能の開発には, 家族のなかの相互援助的機能を重視し, その活性化を促進することが必要です。家族の1人ひとりが, 援助的なかかわりのなかでお互いの存在を認知し合うことができれば, その家族機能の健康度は高まることになるでしょう。

6. 家 族 療 法

　家族療法 (family therapy) とは,「家族を家族メンバーの相互関係がつくる1つのシステムとみなし, そのシステムを援助の単位として, 1人以上の家族メンバーに個人的にまたは合同で面接する心理療法的・関係療法的アプローチ。家族療法の一般的特徴としては, 家族のなかの患者とされた者 (IP: identified patient) は家族の機能不全を表現している人とみなされ, 主たる援助の対象は患者とされた1人の家族ではなく家族システムとすること, 家族の機能不全は, 個人によって引き起こされたものではなく関係がつくり上げたものだと考えること, したがって, セラピストの面接の目的は, 家族関係がつくる機能不全の力動, 構造, コミュニケーション・パターンなどを見極め, 情緒的にも, 存在的にも家族全体が機能的システムに変化するような介入を行うこと, などがある」(平木典子, 1999), と定義されています。

　たとえば, 患者とされた家族メンバーの1人が治療により回復してくると, 今度は他の家族メンバーが代わりに症状を示す例がよくありますが, これは家族システムの病理が依然として存在しているために起こる現象として捉えることができます。家族システムが機能不全に陥っている状況があって, そのなかで, 一番その影響を受けやすい家族メンバーが, 家族病理を背負って症状を呈したり, 問題行動を起こしたりしていると考えるのです。このことは, 別の視点からみると, 家族のなかに誰か1人の患者がいることを, 病的な家族システムが必要としているのだと考えることができます。つまり, これは「家族ホメオスタシス」というものがはたらいて, 家族のまとまりを維持しようとしているのだというのです。家族もある意味で1つの有機体システムですが, 生体内の恒常性を維持するべくはたらくホメオスタシス (homeostasis) の機能が,

家族にも作用するものと考えます。そこで，家族は今の状態が変わることに抵抗し，1人の家族メンバーの症状でもって家族システムの均衡を維持しようと反応することになります。

このように，病的な家族システムがその均衡を保とうとして，家族メンバーの1人を患者のままにしておこうとしたり，または，他のメンバーを患者に陥れようとする傾向を強くもっているので，その患者のみを治療の対象とするのは好ましくなく，結局は，家族システムそのものを治療の対象としなければならないことになります。

家族療法の必要性が最初に唱えられたいきさつは，精神分裂病の患者の入院中に治療が進展し回復しても，退院すると再発・悪化を繰り返すことがあり，家族システムそのものに機能不全があると認められたことにあります。そこで家族システムに変化を起こさせ，機能を回復させれば，患者は症状から解放されるという視点から，個人ではなく家族そのものの治療を目的として，家族療法が編み出されていったのです。

現在，家族療法には，多くの派がありますが，大別すると次の4つに分けることができます（安村直己，1992）。すなわち，①精神分析的・対象関係論的アプローチ，②世代論的（intergenerational）アプローチ，③システム論的アプローチ，そして，④行動論的アプローチ，ということになります。

（1）精神分析的・対象関係論的アプローチ　家族療法の起源は，フロイト（Freud, S.）が1909年に発表した「ハンスの症例」にあるといえるでしょう。これは最初の小児分析として有名ですが，治療に家族をも加わらせた初めてのケースとなります。つまり，フロイトはハンス少年を父親を通じて治療しようとしたのです。フロイトは神経症の原因を患者の家族関係にあると考えたのですが，それは実際の家族との関係ではなく，あくまでも患者が取り入れた家族のイメージの問題であるところから，フロイトはいつも患者の家族と接することを避け，患者のみを家族から切り離して治療しようとしました。それは，治療者が患者の家族とかかわると，精神分析療法において重要な感情転移の過程が不明確になってしまうという理由からでした。そういう意味で，精神分析学の主流は，患者の治療のために家族を扱うことを歓迎しませんでした。しかし，1930年代頃から，患者と家族の相互作用のもつ重要性に注目した精神医

学者たちにより，次第に家族への治療的接近が考えられるようになりました。たとえば，精神分裂病者への精神分析的アプローチの経験を通して，サリヴァン（Sullivan, H. S.）が精神分裂病発症に母子間のコミュニケーションの障害が影響していることを示唆したり，フロム-ライヒマン（Fromm-Reichmann, F.）が『精神分裂病をつくる母』（Schizophrenogenic Mother）を発表したりしました。この時期は，特に母親の性格傾向が子どもの精神障害に及ぼす影響が研究の中心であったといえます。そして，1950年代以降，研究対象は母親から父親へと，さらに家族全体の関係へと進み，次第に家族を一つの全体としてみるシステム論的な方向へと発展してゆくことになります。

（2） 世代論的アプローチ　ボーエン（Bowen, M.）は，精神分裂病者とその家族の研究により，精神分析学の影響が濃い彼独自の家族システム理論（ボーエン理論，Bowen Theory）を確立しました。その中核には，自己分化の概念があります。自己の分化とは，情動と知性が個人のなかで完全に分化した状態であり，その対極には融合の概念があります。したがって，IPとは，自己分化度の低い，融合度の極めて高い人ということになります。そこで，IPの自己分化度を高めることが，ボーエンの家族療法の目標になります。たとえば，問題のある家族では，両親連合が確立されず，父親が部外者の位置に置かれ，母親と子どもが密着して融合関係となり，結果として子どもの自己分化度が低下し，情緒発達に支障を来しやすい「三角関係」ということになります。このようにして，両親間の問題が次の世代の子どもに伝播されたり（家族投射過程），さらにこの伝播が多世代に渡って生じる（多世代伝達過程）おそれがあるとされています。事実，三角関係に巻き込まれた子どもは，両親よりもさらに分化度が低くなる傾向があり，それゆえ「三角関係」が何代にも渡って引き継がれることになり，個人の分化度は家族の系譜を下れば下るほど低下してゆくと考えられます。このようなことから，分裂病三代説が唱えられたりするのです。

（3） システム論的アプローチ　ドイツの理論生物学者フォン・ベルタランフィ（von Bertalanffy, L.）によって1948年に発表された「一般システム理論」（General System Theory：GST）の影響を受けて，家族をシステムと捉えて研究するシステムズ・アプローチが展開されています。すなわち，家族

というものは，相互に関わり合っているメンバーで構成されている有機体システムであり，そのなかでは複雑な相互作用があり，あらゆる事象が互いに関連し合いながら循環していることになります。したがって，このような家族システムでは，1つの原因から1つの結果が規定されるような「直線的因果律」のみかたではなく，因果的連鎖が円環状につながっている「円環的因果律」のみかたがあてはまると考えられています。「一般システム理論」では，この「円環的思考」が重視されています。この円環的にみる立場からすると，青年期以後の精神病理を幼少期の親との関係から生じると考える精神分析の直線的な因果律思考には疑問が生じることになります。そこで，家族療法としては，円環的因果律で問題を捉え，家族の円環的パターンや相互作用といった関係性そのものを取り上げ，治療は過去よりも現在を，内容（content）よりも過程（process）を重視し，「今，ここで」に焦点を当てるといった，行動変容中心の体験学習的色合いが強調されるに至っています。

　システムズ・アプローチに準拠する主要な理論モデルには，ミニューチン（Minuchin, S.）の構造的家族療法理論，MRI（Mental Research Institute）の相互作用理論，ヘイリー（Haley, J.）の戦略的家族療法理論，パラツォリ（Palazzoli, M. S.）らのシステミック家族療法理論，あるいは，ド・シェイザー（de Shazer, S.）の短期家族療法理論などがあります。

　ミニューチンは，スラム街の貧困家庭の子どもや非行少年が引き起こすさまざまな問題に取り組むなかから，ダイレクトでアクションに富んだ構造的家族療法（Structural Family Therapy）を生み出しました。家族というシステムの構造に重点を置いたアプローチをとっています。家族メンバーの間の境界が拡散すると纏綿状態（enmeshment）となり，その対極には遊離状態（disengagement）があり，家族がバラバラの様相を呈することになります（図4-4を参照）。家族の提携の仕方が柔軟さを失い硬直化すると，たとえば，父―母―子の三角関係が生じます。そして，勢力関係も重要で，親よりも子どもが権力を握ってしまっている家庭内暴力の例などは，権力構造が逆転したことによる家族の機能障害の表われです。そこで，構造的家族療法の目標は，こうした家族の構造を変化させ，家族メンバーの成長が促進されるような再構造化（restructuring）への働きかけを積極的に行うことにあります。

ジャクソン (Jackson, D. D.) の創設した MRI のアプローチは、相互影響アプローチとかコミュニケーション・アプローチとも呼ばれています。あらゆる人間の行動をすべてコミュニケーションと捉え、家族をコミュニケーションの相互作用システムとしてみることを強調します。家族のなかに IP がいる場合、問題なのはその問題行動自体ではなく、それを持続させている好ましくない相互作用のパターンであるとします。この立場では、誤ったコミュニケーションによって病理が生み出されるとして、家族全員が参加する合同家族療法 (conjoint family therapy) を行い、家族間のコミュニケーションの食い違いを明らかにして、家族がはっきりとコミュニケーションができるように援助します。

戦略的アプローチ (Strategic Approach) では、治療者がどのように介入することで最も変化を引き起こすことができるかに焦点が置かれています。戦略派の治療者は、家族に変化をもたらす責任をもち、変化したかどうかの結果がはっきりとわかる具体的な問題に焦点を当てます。家族がこれまでに繰り返してきた解決方法は、逆に問題を維持していると考え、その家族の行動の連鎖 (sequence) を断ち切り、別なものへと変化させることを目標とします。

パラツォリらのミラノ派の家族療法は、最もシステム論に忠実であることからシステミック家族療法 (Systemic Family Therapy) と呼ばれています。治療は、3～4 週間の間隔をおいて 10 回の集中面接の形式で、循環性と治療者の中立性を強調して、毎回、仮説・検証を繰り返して、家族の「差異」を明らかにする円環的質問法によって介入してゆきます。

（4） **行動論的アプローチ**　ヤコブソン (Jacobson, N. S.)、マーゴリン (Margolin, G.) の行動的夫婦療法や、パターソン (Patterson, G. R.)、スチュアート (Stuart, R. B.)、リバーマン (Liberman, R. P.) の家族行動療法などがあります。そして、最近では精神分析との再結合を図る動きもみられているようです。

以上、特に欧米を中心として発展して来た家族療法の諸流派を簡単に概観してきましたが、わが国において深刻化している、不登校問題、摂食障害、家庭内暴力、非行、あるいは、アルコール依存症や薬物等への嗜癖、そして、夫婦の問題に内在する家族システムの機能障害に対応する、日本文化に合った家族

療法の展開が今後ますます期待される時代になっているといえるでしょう。

7. 障害児と家族

　最後に，ここでは障害児の出生，または比較的早期に子どもが障害をもったことから生じる家族の病理と治療者の姿勢について述べることにします。

　障害児と母親の母子相互性を阻害する主だった要因として，田中千穂子（1992）は次の3点を指摘しています。すなわち，①障害児を産んだ体験は，母親の側からすれば「心に描いていた健康な赤ん坊」（imaginary baby）を喪失する体験であり，以後どのような感情を子どもに投影していくかという母親の内面の問題，②出産直後から始まる母親の「悲嘆の引き受け過程」（grief work）がどの程度進んでいるかという要因，③障害児から母親への「情緒的応答」（emotional availability）や「身体的応答」（physical availability）が，多くの場合微弱なため，母親が「微調整しながら子どもの情緒に関わること」（affect attunement）が困難になるという問題，の3点です。

　渡辺久子（1986，1987）は，早期乳児期の母子の情緒的相互性の欠如が対象関係の発達障害を生じやすいことを指摘して，「母子退行治療の試み」を報告しています。それによりますと，母子相互性の障害の治療にあたっては，①母親が治療者への陽性転移に支えられるなかで，自分の気持ちを吐露し，②治療者に承認されながら子どもとの情緒的相互交流のありかたを見つめていけるよう援助すること，が治療者の基本的姿勢として重要であることを示唆しています。

　障害児の両親の悲嘆の感情が長期間続く一方で，親はその悲嘆の引き受け過程において，事あるごとに期待を抱いてはその都度期待が打ち砕かれる「失望体験」（disillusionment）を重ねていくことになります。

　わが国では子育てに関して，母親は自分を犠牲にしてでも無条件に子どもを愛し慈しむべきであるという伝統的な考え方があります。子どもが障害児であればなおさらで，子どもに対して拒否的な感情を抱くことは許されないといった風潮があります。上に述べたように，心に思い描いていた健康な赤ん坊を喪失しただけでも母親の自己愛は十分に傷ついています。母親が密かに子どもに対して拒否的な感情を抱いていたり，罪悪感を抱いていることもありますので，

母親が自らの意志で,未完のままであった悲嘆の引き受け過程に臨めるように,治療者は母親の内面の葛藤に十分配慮して接する必要があります。

父親も,母親と同様に,障害児出生によって自己愛を傷つけられ,その事実に直面できない場合がかなりあります。時には不憫さゆえに溺愛する父親もいたり,何か余所事に打ち込むことにより,かえって悲嘆の引き受け過程を遅延させている場合もあります。父親に対しては,母親に対する以上に父親の自己愛を守り,過剰に介入せず,父親としての現実的な役割を果たせる具体的な行動を示唆するだけでいいでしょう。

「障害受容」(acceptance of disability) とは,「しばしばあきらめと混同されるが,正反対であり,疾患および客観的障害(機能障害,能力障害,社会的不利)を持ったことから起こってくる主観的障害(体験としての障害),すなわち価値低落感,劣等感,悲嘆,絶望などの心理的克服である。その本質は障害を劣等なものとする現代社会の支配的価値観からより高い絶対価値に立つ価値観への脱却である。その結果『障害を持つことは不便なことではあるが,自分の人間としての価値を低下させるものではない』との自覚に到達し,客観的障害を直視(受容)し,それらへの現実的対応を冷静かつ合理的に行うことができるようになる。普通,受傷直後のショック期,その後の否認期,引き続く混乱期(攻撃性が外に向かう怒り・恨みの時期と,それが内に向かう悲嘆・抑うつの時期とが交代する),そこを抜け出し始める解決への努力期,そして仮の受容期を経て最終的な受容期に至る」(上田敏,1999),とあります。これは障害を身に受けた当事者について述べられたものですが,障害のある子どもの親となった場合にもあてはまるでしょう。ここ,うの花幼稚園もそのような父母たちにとって,悲嘆の引き受け過程に自らを臨ませ,さらに障害受容に至るまでの心を定めるための保護された空間といえるでしょう。

家族療法の項でも述べましたように,夫婦が障害児の出生に際会した場合も,その他のさまざまな症状や問題行動を示す子どもなどの場合と同様に,困った厄介な事態だと否定的に捉えるのではなく,家族システムが新しい段階へと成長・発展するためのひとつの契機となるよう,積極的にそこに意味を求めていく姿勢を,治療者は母親や父親に寄り添いながら共有することができるといいでしょう。

〈参考文献〉

Beavers, W. R. & Hampson, R. B. 1990 *Successful Families, Assessment and Intervention*. Norton.

Gordon, T. 1970 *Parent Effectiveness Training*. Peter H. Wyden. （近藤千恵訳 1977 『親業』サイマル出版会）

平木典子 1999 家族療法 恩田彰・伊藤隆二（編）『臨床心理学辞典』八千代出版 P. 83.

国谷誠朗 1992 家族臨床 氏原寛他（編）『心理臨床大事典』培風館 Pp. 1199-1201.

L'Abate, L. 1990 *Building Family Competence, Primary and Secondary Prevention Strategies*. Sage Publications.

岡堂哲雄 1991 家族心理学講義 金子書房

Olson, D. H. et al. 1983 Circumplex Model of Marital and Family Systems VI, Theoretical Update. *Family Process*, **22**(1), 69-84.

Patterson, G. R. 1975 *Families : Applications of Social Learning to Family*. Research Press.（春木豊監訳・大渕憲一訳 1987 『家族変容の技法を学ぶ』川島書店）

Sherman, R. & Fredman, N. 1986 *Handbook of Structured Techniques in Marriage and Family Therapy*. New York. Brunner／Mazel.（岡堂哲雄・国谷誠朗・平木典子訳 1990 『家族療法技法ハンドブック』星和書店）

杉渓一言 1992 家族機能 氏原寛他（編）『心理臨床大事典』培風館 Pp. 1201-1204.

詫摩武俊・依田明（編） 1972 家族心理学 川島書店

田中千穂子 1992 母子相互性の障害―ダウン症児の症例から― 精神分析研究, Vol. **35**, No. 5.

上田敏 1999 障害受容 恩田彰・伊藤隆二（編）『臨床心理学辞典』八千代出版 P. 243.

渡辺久子 1986 母子退行治療の試み 精神分析研究, Vol. **30**, No. 4.

渡辺久子 1987 母子退行治療の試み(2) 精神分析研究, Vol. **31**, No. 4.

安村直己 1992 家族療法 氏原寛他（編）『心理臨床大事典』培風館 Pp. 338-343.

遊佐安一郎 1984 家族療法入門 星和書店

遊佐安一郎 1989 米国の家族療法の近況―システム論的家族療法の再検討 日本家族心理学会（編）『思春期・青年期問題と家族』金子書房

第II部
教育と学校カウンセリング

第5章　現代の学校と子ども

1. 小　　学　　生

　現代っ子は「学校人間」といえます。つまり，日々の生活が学校との関係にしばられているということです。すべての子どもが教育を受ける権利があるという意味では，まずすべての子どもは，今日，基本的に学校への所属は保障されています。しかし，それが"すべての子どもは，学校に行くべし"といった義務の観念にすりかえられているところに，今日，子どもたちの心をを束縛するゆえんがあるのです。教育を受ける権利を行使するという能動的な通学が，学校へは登校しなければならない，という受動的で強制的な学校との関係になり，子どもたちの多くの心を圧迫しています。ほとんどの親たちもこの権利を義務に置き換えて，わが子を学校へと追いやっているのが現状です。学校が楽しくて居心地のいいところであればまだしも，規制と我慢の場となればいつしか心は離れてゆくものですが，それがなかなか許されない状況から，ある種の子どもたちの哀泣や呻吟の発する場となっているのです。

　さて，小学校時代は，概して適応上の問題の潜伏期，あるいは，醸成期といえます。特に，低学年の間は，表面化して，顕在化することは比較的まれだと思われます。しかし，高学年になると，子どもたちも思春期にさしかかるので，対応を誤ると深刻化し，長期化する危険性もあります。

　子どもたちは小学校での生活科の学習や野外活動の経験により，せっかく豊かな感受性や探求心を刺激されたのに，中学校や高等学校へ進学すると，そこは今や大勢は最終的に大学を目指す教育になっているので，結局，小学校教育とつながらないのが残念です。その後，テスト漬け，クラブ漬け，学習塾漬けに追い込まれる子どもたちが哀れです。小学生の頃のみずみずしい感性を剥奪する現今の偏差値主導，学力選別の受験体制，そして，規則づくめの管理教育が恨まれます。

ところで，最近，小学校にも異変が生じているようです。いわゆる，「学級崩壊」という現象です。これは低学年のクラスにも一部みられるそうですが，数人の生徒が担任教師の指示に従わず，勝手放題で無軌道な行動を始め，制止する教師を罵り悪態をつき，さらに，それらの生徒たちに煽られて他の生徒たちも加わり教室のなかがいわば無政府状態に化すということです。首謀者となる生徒には，成績の良し悪しは関係ないようです。ひとつのみかたとして，それらの生徒たちの動機には，学習塾や家庭での熾烈な勉学への刺激の疲れから，そのストレスの発散，つまり，うっぷん晴らしの目的でこのような行為に出るのではないかと推測されています。そして，荒れるクラスの担任も，新米や若手の教師ではなく，40歳代のヴェテランの教師が多いということです。それは，それらの教師たちが，生徒たちの親の年齢に近いゆえでしょうか，それとも経験年数は多いとしてもマンネリになり，溌剌としたクラス運営ができなくなっているゆえでしょうか，いずれにしても，前代未聞のことに学校も当の教師たちも当惑し，ただただ拱手扼腕の体だということです。このような幼い子どもとはいえ，大人を翻弄するような巧緻と噴出するエネルギーの出所はしっかりと捉えねばならないでしょう。彼らの反抗の誘因はどこかにあるのです。現代の教育体制（知育偏重や受験主導），家庭における親子関係，学校のあり方，それぞれに厳しい検討を迫っているのだと考えるべきでしょう。

（1）小学生にみられる心身の問題兆候
　イ．子どもの体の「おかしさ」（生活時間の夜型，体幹筋力の弱さによる）
　　1. 朝からあくび，2. 授業中，目がトロン，3. 休み時間に，ボーとしている，4. すぐに疲れた，5. 転んでも手が出ないで顔を打つ，6. 姿勢が悪く「背中ぐにゃ」，7. 懸垂ゼロ，8. 動作が緩慢，9. 手指が不器用，10. 首，肩がこる，など。
　ロ．児童期の心身症（身体症状が主であるが，原因には心理機制が推定される）
　　1. 自家中毒，2. 習慣的下痢，嘔吐，3. 過敏性腸症候群，4. 喘息，5. 夜尿，6. チック，7. 吃音，8. 爪かみ，異食，9. 円形脱毛症，10. 皮膚炎。

ハ．低学年の問題行動（まだ幼児期心性をひきずっている）
  1．多動症候群（注意集中困難・散漫，落ち着きなし，不器用，忘れ物が多い）
  2．学習障害（LD），3．無気力，4．不登校，5．遊びの事故，6．交通事故。
ニ．高学年の行動異常（生意気盛り，性のめざめ，中間反抗期の動揺がある）
  1．摂食障害（特に女子は拒食と過食，男子は気晴らし食いと肥満），2．万引，3．家庭内暴力（親に甘えながらの当たり散らし），4．いじめ，5．自殺，など。

(2) 小学生への精神保健指導のポイント
イ．心の迷いや苦しさを身体症状で訴えることが多いので，まず，安静と休養を確保してやること，そして，一段落してから，ゆったりとした雰囲気で穏やかに話を聞いてやることが肝要です。しかし，その場合，あまり質問攻めにして，しつこく詰問するような対応は控えた方がいいようです。
ロ．世代の違う人（祖父母やその他の親戚・知人）と多く出会う機会を作ってやり，昔の経験や出来事についての話を聞かせてもらい，人生とは大なり小なり苦労するものと，将来へのある程度の展望をもたせてやるといいでしょう。
ハ．「あら探し」はマイナス思考です。気になってもとりあえずは心に秘めて，テレビアニメの『ポリアンナ』（原作は小説の『少女パレアナ』『パレアナの青春』）のように，いわばプラス思考の「よかった探し」（～でなくてまだよかった……）を心がけるといいですね。そして，「ほめる」ことです。

2．中学生・高校生

自我意識が強まり，自分の思い通りにならないことがあると，親や教師とい

った社会への批判・反抗が表面化します。

　現代の子どもは家庭や学校でかまわれすぎ，管理されているので，受け身を甘受しています。それで教えられたり，指示されたことは何とかこなしますが，初めてのことやどちらにすべきかと選択に迷うと決断できず，右往左往する事態になります。知育偏重で鍛えられており，クイズの解答のような問題は得意といえます。つまり，一つの答えを発見すればよい「ユーリカ型」の再生思考問題には比較的強いのですが，自分で考えて独自の答えを導き出さねばならない「非ユーリカ型」の開発思考問題（論理を展開する論述や，人生や社会事象について考察する課題）には弱いようです。そこで，大向こうから正解という「ピンポーン！」や間違いという「ブー！」のチャイムが鳴るのを待っています。概して，マニュアルがあると強いのですが，逆にマニュアル信仰で行き詰まるといった狭さを有しています。

　優勝劣敗の社会で，外からの評価に敏感で，何よりも失敗を恐れています。大多数の子どもたちは，自分だけでは何もできないという無力感に追い込まれています。偏差値主導で安全志向の直線軌道で運ばれ，道草や乗り換えが許されない子どもたちなのです。

　ところがある日，囲われ飼育されているような自分に気づくと，親や教師のくれる「餌」を食べなくなったり，「檻」から脱走を図ったり，突然暴れて親や教師といった飼い主や仲間に襲い掛かったりします。それが，摂食障害であったり，登校拒否，家出や放浪，家庭内暴力や教師への暴力，いじめ，小動物慘殺や猟奇的殺人という事件になっています。あるいは，事の是非善悪や後先を考えずに，自己の欲動に身をまかせたり，居心地のいいグループに交わりリーダーや仲間の煽りに乗せられて，衝動的で刹那的，短絡的で過激な行動に走ります。たとえば，テレクラや援助交際という名の売春，万引き，ひったくりや恐喝，シンナー遊びや覚醒剤使用，暴走行為や集団リンチ，といった非行です。

（1）　思春期の適応不安症状（自我の確立に向けて，周囲との摩擦から過敏になる）

　　　イ．神経症（neurosis）：親などの過保護・過干渉・過支配養育による，内向的で臆病で自信のない性格の子どもが陥りやすい。

1. 対人恐怖（赤面・視線・体臭・醜貌・吃音），2. 場面恐怖（強い場見知り），3. 不潔恐怖（しつこい手洗い，ほこり払い），4. 強迫観念，5. 閉所恐怖。

ロ．恐慌性障害（panic disorder）：強烈な恐怖や不快感の発作に突然襲われ，一旦はおさまってもまた起こるのではないかとの不安にさいなまれる。

1. 起立性調節障害，2. 乗り物恐怖，3. 過換気症候群，4. 過敏性腸症候群。

ハ．性のめざめと混乱：親子関係やマスコミの偏った情報に影響されやすい。

1. 摂食障害（思春期やせ症・拒食・過食），2. 異性への関心と恐怖，3. 下着盗み・収集，5. テレクラ・売春，6. 女装・コスプレ，7. 性転換願望。

ニ．境界性人格障害（borderline personality disorder）：幼少時から人とのかかわりが苦手で，傷つきたくないために，必死に「よい子」を演じ装い続け，思春期以後に破綻を招いたケースが多い。親や恋人に見捨てられるのではないかという強い不安から，退行や偽悪的行為，執拗なしがみつきやいやがらせ，自殺企図，一過性の精神病症状を示したかと思うと，ケロっと正気にもどったようにまともになり，周囲を混乱させる。つまり，人格の統一性がゆるんでいるためにこのようになるといわれる。

その他に，自己愛性人格障害，回避性人格障害，解離性人格障害（二重人格や多重人格），あるいは，反社会性人格障害（精神病質），そして，いわゆるAC（Adult Children，アダルト・チルドレン）などがあり，極度の性格の歪みや偏りが固定して，思春期以後に周囲の人を巻き込んだり混乱させたりの問題行動を露呈させる。社会がコンピュータに支配され無機質の対人交流のなかで育つ子どもたちが多い時代にあって，家庭もまた少産少死で核家族化した現在，増加の傾向がある。

ホ．問題行動：欲求のコントロールの拙さと社会否認の表明。

1. 非行（万引き・恐喝・シンナー遊び・覚醒剤・暴走行為など），2. いじめ，3. 校内暴力，4. 自殺，5. 不登校，6. 引きこもり。

へ．精神病（psychosis）：遺伝的な素質があったり，過敏で傷つきやすい性格傾向があると，思春期以後ふとしたきっかけで昏迷・錯乱状態に陥る。
1．精神分裂病（schizophrenia），2．躁鬱病（manic-depressive illness），など。

（2） 思春期への教育臨床のポイント　　イ．「学校人間」ゆえに，世間知や常識に欠けたところがあり，「指示待ち」態度が色濃い子どもが多いので，彼らの「試行錯誤」と「自分探し」を見守り，長い目で支援する「発達促進的カウンセリング・マインド」の一貫した態度が望まれます。
ロ．急いで「治そうとするな，変えようとするな，まず，わかろうとせよ！」です。こちらが強く出ると，それだけ抵抗が強くなります。くどくどとしつこくしないで，ここはじっくりと白黒を速断しないで，聞き役に徹し，時熟を待つことが肝要です。そのうち知らぬ間にその子どもが変ったことに気づかされますよ！

3．学校，今とこれから

今日までの我が国の公教育は，多面的な可能性と柔構造を持って生成していくはずの子どもの心身を，幼稚園年齢から義務教育期間にわたるほぼ10年間に，強力な枠にはめ込み，子どもたちの資質を切り詰め，整理して縮め，弱め衰えさせて，管理しやすいようにして，遂には帰順させて（to reduce）しまっています。つまり，子どもたちを飼い慣らし手なづけることが教育となっているのです。これを「還元主義」（Reductionism）の教育と呼びます。教育が強制となっています（大沼，1982）。

「還元主義」教育の申し子は，過剰適応の子どもです。彼らは「よい子」型にはめられて育ってゆきます。彼らは柔軟な行動能が身についていないために，失敗や挫折体験に脆いといえます。親や教師の指示を待ってエラーをしないようにそつなく生きていますが，「自分自身」を鍛え形成するチャンスを失っています。つまり，「自分とは何か」という疑問を抱くこともなく，また，抱いたとしても棚上げにして，精神的には貧困なまま，ウーパールーパーのように

幼形成熟をさせられてゆきます。周囲にはこれといった社会思想や哲学もなく，人生を考えさせてくれる情報や刺激もありません。あてがいぶちの学業とヴァーチャル・リアリティ（仮想現実）のテレビゲームとヴィデオに親しんでさえいれば時は過ぎてゆき，上級学校へと進んでゆけるのです。ところが，「よい子」でも影のうすい子どもは自信がなく傷つきやすいものです。級友にも教師にも見放され，いじめにあったり，学業につまづいたりすると，それに抵抗したり乗り越えてゆく勢いがなく，ずるずると引き下がってゆき，遂に学校から姿を消してしまいます。それが不登校児です。

　一方，その逆に，いわゆる問題児や学業で「落ちこぼされた子」は，親や教師を困らせることにより，自分の方に注意を向けさせるために偽悪的な行為を繰り返します。もう「よい子」として認めてもらえないので，手っ取り早く「悪い子」になりきって，注意喚起行動としての非行や虞犯行為，校則違反や陰湿な「いじめ」を執拗に犯すのです。

　ところで，本来学校の主役は子どもたちです。教師たちではないのです。"学校嫌い"の子どもをつくっているのは"子ども嫌い"（？）の教師たちではないでしょうか。子どもたちを支配・抑圧して「教化」（Kozol, J., 1981）することが教育の「使命」と誤解している教育者が何と多かったことでしょう。"子ども好き"の人こそ教師にふさわしいと思います（鳥山，1993）。

　子どもの1人ひとりを大切にし，手のかかる子どもの示す表情や行動にこそ敏感であり，その子どもから学校やクラスの問題や不備を読み取る感受性と謙虚さを持ってほしいと思います。授業が胸をときめかしながらの発見の連続であるようにと工夫をこらしてほしいと思います。発想の転換や拡散的（開発的）思考で子どもたちに負けない新鮮な驚きを体験し，子どもたちからも学ぶことを知っている教師は，自らの蒙（もう）をも啓（ひら）く度量のある，懐の深い「開発主義」（Productionism）教育（鳥山，1982）の実践家といえるでしょう。

〈文　献〉

　Kozol, J.　1981　*On being a teacher*. NewYork. The Crossroad Publishing.
　　（石井清子訳　1986　先生とは　晶文社）

大沼安史　1982　教育に強制はいらない　一光社
鳥山平三　1982　個人差の測定と評価　杉田千鶴子・島久洋（編）　人の成長をひきだすもの・さまたげるもの　ミネルヴァ書房　Pp. 198-230.
鳥山平三　1993　"学校ぎらい"の子どもをつくる"子ども嫌い"の教師をどうするか　人間教育研究協議会（編）　教育フォーラム⑪　学校ぎらい　金子書房　Pp. 55-59.

第6章 学校臨床心理学
　　　　ースクール・カウンセリングー

1. 不　登　校

1. 不登校の心理的メカニズム

　20世紀後半になって，学校という存在が大きく揺らいでいます。人々に知識を授け，生きてゆく上での価値を教えてくれる，地域の文化センターとしての学校の存立が危うくなっています。学校はもはや社会にあってありがたい所ではなくなっているのです。むしろ，少なからぬ子どもたちにとって，学校は息苦しい所，恐い所，退屈な所となっているのです。

　学校現場で最も深刻化している問題のひとつに「不登校」があります。文部省学校基本調査の報告によると，1997（平成9）年度内の1年間30日以上欠席の不登校児童・生徒の数は10万5千人を超え，前年度比で11.7％（1万1千人）増と急増しています。このような増加傾向は中学生では1970年代前半，小学生では1980年代前半から始まっており，以来，不登校児童・生徒の出現率は低下することがありません。小学生と中学生とを比較すれば後者が前者の7倍近くも多いという数字になっています。不登校の背景にはその児童・生徒の個人的条件や状況の要因があり，そこに至る心理的メカニズムもさまざまであると考えられます。上に現れた数字はあくまでも公式上のものであり，むしろそれをどこまで超えるかわからないほどに，不登校傾向の強い児童・生徒が潜在していることに留意しなければなりません。

　かつては，「学校恐怖症」（school phobia）と呼ばれ，主として神経症的心理機制を有するものとして，特に母子間の分離不安（separation anxiety）が根底にあると考えられました。つまり，分離個体化期（separation-individuation stage）に問題があり，不十分な愛情充足体験（anxious attachment という）のまま学齢期になっても，「安全基地」（secure base）としての親への不安感から登校をしぶる事態になると解釈されました。

特に，子どもがまだ幼い時期の登園拒否や登校拒否（school refusal）の原因として，この母子関係の問題が考えられるようです。母子共生関係の形成の不全による分離の失敗であるとか，二者関係から三者関係への移行の失敗による共生関係の継続と過剰な母子関係（親側の分離不安）が根底にあるものと推測されます。

もう一つの機制として，前思春期あるいは思春期の内的混乱が顕在化したものと捉えることができます。それは「優等生（よい子）の息切れ型」であるとか，「自分探し」をするための自閉（巣ごもり）であるとか，現実の出来事に対する極度の脆弱性から安全な空間への「しがみつき」が起こるのだろうと考えられます。

これにも家庭における親子の関係が作用しているようです。たとえば，子どもへの過度の保護，世話，寛容さによる子どもの現実経験の軽視，あるいは，侵入的な親が子どもの自己表現や自己主張を抑制して一方的な期待をする場合，そして，両親の間に不安定な夫婦関係があったり，家族間にもめごとがあるなかで育ち，子どもに偽成熟傾向が宿っている場合がそれにあたります。そうすると，挫折体験のような危機経験が欠乏しているために，現実以上の自分への過信（幼児的万能感）が崩れると，「真の自己」と「偽りの自己」の間に葛藤が生じ，自己概念に脅威を与える経験を回避するために不登校になると分析されるのです。そして，両親の不和，両親の離別による母親不在，父親がいても別居や長期出張や関わりが弱いという父性不在があると，先に挙げたようなアダルト・チルドレンになって性格障害型の不登校を呈したり，自我理想の達成への構えがとれなくて無気力・無意欲な日々に安住してしまうようです。

2. 不登校の事例

ここに述べた"不登校の心理的メカニズム"が複雑に織り合わされて起因となり，実際の不登校児童・生徒が出現すると思われますが，決定的な原因というものを提示することは非常に困難であるといえます。そうしたなかで，この"不登校の心理的メカニズム"が比較的よく符合すると考えられる，最近の学校カウンセリングの場での相談例をいくつか紹介しましょう。

（1）　**A：中学3年生女子**　　Aは小学校5年の時に，いじめられている友

をかばったのが原因で，自分がいじめの対象となった（無視，物隠しなど）。「暗くしているといじめられる」と思い，クラスメートの前では冗談を言ったりおどけたり，無理して「明るい子という仮面」を被り続けてきた。

　思春期の女子にとっては，仲間から外されることは死ぬよりも辛い。どんなにいじめられても，そのいじめ集団から離れようとしないのは，孤立への怖れからだといえる。一方，いじめる側の心理としては，ある1人の標的（生け贄）をグループの外に作ることで，内部の結束を高めようというメカニズムがある。そのような仲間関係のなかで，たとえ「仮面」であっても均衡が保たれているうちはグループへの求心力が働いているが，その均衡に破綻が来ると一度に内なる世界に引きこもってしまう（遠心力が作用する）ことになる。

　Aは事務所経営の母親と二人暮らしで，Aの父親は女性関係と暴力が原因で，Aが6歳の時に家を出ている（離婚）。

　Aはいじめられるのを回避するために「仮面」を被り続けた。明るく振る舞っているかぎり，みんなから外されることはないし，いじめの対象にもならない。ところが，母親の一言がきっかけになって仮面が脱げなくなった。中学1年の夏，テレビに出ていた「お調子者」を見て「あんたみたい」と言われたことが原因で，「自分って何？」という混乱に陥った。Aは仮面に隠していたはずの素顔を見失い，この頃から不登校が始まった。

　Aにとっての不登校（引きこもり）の2年間は，仮面を脱ぐ練習，そして素顔の自分を取り戻すために必要な時間であったと思われる。自分のペースで生活をし，自分の好きなことに時間を費やす，母親からみると「自堕落」な生活も，Aにとっては，忘れてしまった自分自身の感覚を取り戻すために不可欠な年月であった（伊藤美奈子，1998）。

（2）　B：高校1年生男子　　入学して数週間で登校できなくなる。理由は体育の時間が嫌なことと，中学生時代のいじめっ子が同じクラスになったためだという。また，人が怖いとか人が追いかけてくるというような対人恐怖的症状や関係念慮もみられた。

　Bは幼少期より真面目な子で親に言われたことはきちんと守る良い子であったという。小学生時代はおとなしいが学級委員を務めたりお稽古事もきちんと消化する子であった。母親はそんなBを理想的に育ててきたと思っていた。

中学生時代，Bは成績優秀であったが体育だけが苦手であり，運動面での劣等感を持っていた。2年生ではいじめを経験し，それ以来，クラス中が自分を無視すると言って苦しみ，人が怖いと言い出すようになっていった。そして，3年生の3学期に対人恐怖的症状が悪化したために1ヵ月間，学校を休んだ末に高校入学となった。

Bは学業だけが自分の支えになっており，学校へ行けない状況でも勉強に対する強迫的なとらわれがみられたが，昼夜逆転や怠惰な生活を経て徐々に強迫性がみられなくなった。そして，それに替わって遊びや家庭外の行動が広がり，症状も改善され情緒的にも安定していった。

Bの問題は，両親の期待に応える（タテ関係）ために形成された「勉強のできる良い子」のパーソナリテイが，同年代の個人あるいは学級集団（ヨコ関係）のなかで受け入れられず，いじめという形で迫害されることによって生じたものであると考えられる。Bにとってタテ関係は何の違和感もない適合性の高いものであったかもしれないが，思春期男子の荒々しい対人関係（ヨコ関係）を生きていく上で要求される社会性は未発達であったと考えられる（平石賢二，1998）。

このように親子関係に縛られるあまりに主たる対人関係の領域を友人関係へと移行させていくことに失敗する現象を「タテ関係からヨコ関係への発達における挫折」と呼んでいる（池田豊應，1997）。

さて，私は，1996年度から奈良県立教育研究所のスクール・カウンセリング事業の学校訪問カウンセラーと，1997年度からはそれに加えて文部省と奈良県教育委員会のスクールカウンセラー活用調査研究委託事業のカウンセラーを務めています。前者は，県内の公立の幼稚園・小学校・中学校・高等学校の要請に応じて，教育研究所のスタッフと一緒に訪問し，そこで児童・生徒本人や担任，親などと個別面接に応じたり，教師グループの事例研究会に助言者として加わったりする，基本的には1回限りのカウンセリング・サーヴィス活動です。それに対して後者は，やはり県内の公立学校に，原則として毎週4時間ないし8時間滞在して，その学校内での教育的心理的問題について，生徒・教師・親それぞれと，個別にあるいはグループで相談に応じる，2年間期限の非

常勤相談員ということになります。現在，県内某市の公立中学校2校を毎週訪問して，それぞれ4時間相談室に常駐しています。これまでに対応した相談例の機制は，上に述べた"不登校の心理的メカニズム"に実によく合致しています。相談内容の一部を修正して，主要な核心部はなるべくそのままに物語ると次のようなものになります。

(3) **C：中学2年生女子（姉），D：中学1年生男子（弟）**　家族は，曾祖母，祖父母，父の6人同居である。母はC，Dがまだ幼い頃に家出して，現在も音信なく行方不明である。曾祖母は高齢でほとんど自力で移動できない。祖父母は農業で，畑も居宅に近いため孫の世話，曾祖母の世話と忙しい。父は勤め人で，早朝に出勤し，夜遅くしか帰ってこない。母の不在の理由は謎であるが，C，Dにとっては寂しいことである。

私が副担任の依頼で同行し家庭訪問をすると，家のなかは乱雑で，散らかり放題で，掃除をめったにしたことがないという状態であった。万年床のままで，その辺りに衣類，雑誌，食べ物の残りや袋が散乱していて足の踏み場がない。C，Dは終日そこにゴロゴロと寝そべり，スナック菓子を食べて漫画雑誌を読んだり，テレビやビデオを見たり，ゲームをしたりしてだらだらと過ごしている。C，Dともやや小柄で小太りである。C，Dの間にはまったく会話がない。

小学校は比較的家に近く遊び仲間もいたので，まがりなりにも通学は良好であった。しかし，C，Dとも学習は苦手で，学力は低く，運動神経も鈍いため不活発である。中学校は自宅から2キロメートル以上あり，自転車通学が許可されているが，遠い，雨にぬれる，暑い，寒い，そして，不規則な生活から朝起きられない，眠い，だるい，といった理由で休みがちになった。当初，父は口だけで登校を促したが，C，Dがまだ寝ている間にもう出宅していなくなるし，祖父も早く畑に出るし，祖母が起こして支度をさせようとしてもまったく効果がなくなり，C，Dは暴言を吐いたり暴れて物を投げたりこわすので，もうお手上げである。そこで副担任に援助要請があったのであるが，好転はみられていない。

(4) **E：中学1年生男子**　家族は，祖父母，父，姉2人とEである。祖父は家業を営みながら，地元の名士で社会的な役務めもしている。父は実質的に家業を切り盛りして多忙である。母は家風に染まず，自ら家を出て，今は

まったく連絡がない。姉2人はどちらも中学は卒業したが，高校を中退し，在宅のまま家事や家業を気ままに手伝っている。祖母は，主婦の役目に加えて家業の経理事務も担っている。

　Eは，1学期の間は小学校の時からの仲の良い友がいて機嫌よく登校した。夏休みに川の土手ですべって転び腕を骨折した。その傷痕が残り学校で級友から何度も理由を聞かれ，"どじ""どんくさい"などと冷やかされた。仲の良かった友とゲーム・ソフトの貸し借りをしていたが，あるソフトが紛失したときに，Eが隠し持っているとぬれぎぬを着せられた。それ以後，その友とは絶交状態になり，9月末から不登校が始まった。

　祖母や姉たちが学校の話をすると暴れ出す。特に，祖母には体当たりをしたり，小突いたり蹴ったりする。担任教師が電話をしたり，家庭訪問をして帰った後に最も荒れる。したがって，担任にはもう来ないでほしい，ほっといてくれと祖母は懇願している。

（5）　F：中学2年生女子　　父方祖母，父，母，高校1年生の兄の5人家族である。祖母は子育てに口出しをしてよく母親と言い合っている。Fは小学生の時は素直でまじめ，努力家で勤勉だった。その間，兄は中学生で，不登校気味で，家庭内暴力もあり，母親は児童相談所でカウンセリングを受けていた。祖母は，その原因は母親があえて共働きをして家にいず，子どもをほったらかしたからだと決め付け，母親をなじっていた。Fはただおとなしく，おろおろするばかりで何も言えなかった。兄は希望通りの高校に合格してころっと穏やかになった。

　Fは中学校に入学して間もなく，口のまわりにぶつぶつしたできものができ，5月の連休の頃にようやく治って痛みはなくなったが，醜い痕が残った。それを気にして学校への行き渋りが始まった。夏休みが終わって2学期になっても登校できず，母親は今度はFのことで児童相談所に通うことになった。初めのうちはFも母親と一緒に，中学校とは南北逆方向にある場所なので，さほど抵抗もなく児童相談所に毎週通い，親子並行面接を受けた。家を離れて往復する時間，母親を独占し，心おきなくおしゃべりができるのがうれしいようだった。母親だけでなく父親も一緒に行ってくれる時もあり，一層うれしかった。しかし，年度が変わり担当の女性カウンセラーが異動でいなくなり，男性カウンセ

ラーに交替してからは行かなくなった。副担任の女性教師が家庭訪問するといやがらず話し相手になり，時にその教師の車に乗せてもらいドライブにも行く。そして，女子学生の家庭教師についてぼつぼつではあるが学習も進めている。

（6） **G：中学2年生男子**　父方祖母，父方伯母，父，母，大学1年の兄の複雑な6人家族で，Gは言語の面で軽い構音障害がある。小学生の時は近所に仲良しの遊び友だちが何人もいて，特別障害も気にならず登校できた。しかし，中学に入ってクラスの生徒から「お前，何言ってるのかわからん。ちゃんとわかるようにしゃべれよ」などと言われることが多くなり，だんだん欠席がちとなり，2年生になってまったく行かなくなった。

祖母は伯母と結託して，母親を責め，事あれば子育ての拙さを非難する。父親は自分の親や伯母なのに強く言えず，仕事に逃げている。兄は弟のGをかばうどころか，Gを不憫に思う母親にからんだり，祖母と伯母に味方して母親にくってかかることが多い。

中学2年生になったある日，祖母と伯母がまた母親に意見をしだした時，Gは興奮し，家から出奔して，近所の家に石を投げてガラスを割ったり，植木鉢やプランターをひっくり返し，畑の作物を荒らしまわった。そうしたことが何度かあり，学校の勧めである公立病院に2ヵ月入院した。その後，外来治療を継続し，SST（Social Skill Training, 社会技能訓練）教室に通うことになったが，付き添ってくれる母親に甘え，行き帰りは嬉々として幼子のようである。それを知る兄は家でGを小突いたり蹴ったりすると母親は嘆く。

これらの事例でみると，すべてをひとつの背景や原因でくくることはできないが，共通する条件がいくつかあることがわかります。まず，幼児期以後の実母の不在により，心の停泊点（anchoring point）を失っていること，祖母がいても基本的生活習慣を獲得し損なっていること，そして，父親が子どもに対して教育への動機づけをほとんどしていないことが挙げられます。次に，学校で親しい友だちがいないこと，親しかった友だちと仲違いをして遊び相手や話し相手がいなくなること，けがやできものの痕が目立ちそれに殊更注目されて不快な目に合うこと，そして，いじめや類似の被害感を覚え，登校が苦痛になってゆきます。もうひとつはやはり家庭内における家族間の葛藤に揺さぶられ

ることでしょう。なかでも三世代同居の状況で,母親と姑の主導権争いから,どちらに味方してよいかわからず,右往左往して疲れ果て,学校どころではなくなる子どもが多いようです。さらに,同胞（兄弟姉妹）間の嫉視による親の取り合いから,注意喚起の意味のある退行や家庭内暴力を繰り返し,親は処し方に窮し腫れ物を扱うようになってしまうことです。いずれの場合にも,ここという時に父親の存在や登場がほとんど期待できないうらみがあります。

　ここに紹介した相談例のほかに印象に残るものとして次のようなものもありました。母親が離婚して,関東地方から関西の母親の故郷に移住したが,妹はすぐに関西弁に慣れて問題はないが,中学2年生の兄は東京弁をからかわれて不登校になっています。また,小学校以来成績優秀でいつもリーダー役を当然のものとして買って出ていた中学3年生男子が,夏休みを前にしてクラスの全員に「特勉をやろうぜ！」と声を掛けたところ,「自分だけやれば……」とにべもなく総スカンを食い,初めて自分が浮いていることを知り,夏休み以後すっかり登校できなくなりました。そして,やはり中学3年生の男子で,周りからは県内第一位の高校に確実に合格できる成績だと目されていたのに,2学期に油断をしたのか手をぬいたのか,成績が急降下して,担任からとても第一志望校は無理だと言われて,それ以後不登校になってしまった生徒がいます。これらの例を集約すると,今までの自分を見失い,本当の自分を捉え損ねて戸惑っている図がうかがえます。

3. 不登校への対策

　「散文的な」学校の限界　　学校は子どもたちにとって,社会に生きるための知識と行動様式を獲得する,集団による訓練と体験の場です。それが我が国では明治時代以来周到に整備され学歴社会の殿堂となってきました。その階段を一歩一歩登ってゆき,やがて社会の準構成員や構成員となる資格が得られるのです。最近では,中学卒業や高校卒業で社会に出る子どもは比較的少なくて,さらに,短期大学や専門学校,4年制大学や大学院へと進む高学歴の風潮が強まっています。親たちの期待もあり,子どもが登らねばならない階段の数は多くなり,なかなか登り詰めることができません。山登りと同じで,少しでも険しい高い山を目指して,辛抱して努力して,天辺に辿り着けたならば,それは

それは快感であろうと想像できます。そして，社会に生きる上で有利な条件が保証されるというおまけまで付いています。それが学歴偏重を生み，受験競争を生む事態を招いているのです。学歴に有効な教科の学習が大事にされ，たとえば，子どもたちが集い，夢を語り，得意な技を発揮して，みんなで助け合って夢の作品を仕上げるといった，詩的な雰囲気は到底許されないのが学校です。そのような散文的な，無機質の学校からさまざまな誤字脱字や瓦礫の弊害が発生するのは無理からぬことでしょう。

　しかし，学校はこれからも必要な存在でしょうし，社会（文部省？）の要請を受けて，現在の様相を大きく変えることはないでしょう。圧倒的な数の子どもたちはこの「散文的な」学校に多かれ少なかれ不満はあっても，幾日か休みながらも卒業にこぎつけ，さらに次の階段へと足を伸ばしてゆくのです。問題はこの「散文的な」学校に我慢できなくなった子どもはどうすればよいかということです。誤字脱字にこだわる教育で学習意欲を失った子ども，瓦礫のようなものに囲まれて柔らかい心に傷を受けた子ども，彼らのすべてが「詩的な」ことに適しているとは限らないし，「詩的な」学校を願っているかどうかもわかりません。けれども，私は「詩的な」と総称していますが，そのような類学校としての私塾やフリー・スクールが，全国のあちらこちらに設置されつつあることは何を意味するのでしょうか。これは現行の教育制度や学校のあり方へのアンチテーゼであることは言うまでもありません。縦に伸びる階段を登る学校ではありませんが，横に広がる寝そべっていても転落しない学校もあっていい訳です。そこでこそ「詩的な」営みが可能なのではないでしょうか。

（1）「詩的な」学校の試み　　不登校の子どもたち，あるいは普通の学校に違和感をもつ子どもたちのための「学びの場」としてのフリー・スクール（free school）は，学歴という階段からははずれていますが，「学びの競争」からは解放され，「学び合う」共同体という仲間のいる学「園」となっています。「子どもを同じ型にはめず，1人ひとりの個性を尊重する」，「上から押しつけず，子ども自身が学びたいと思う心を育てる」という視点に基づいて，それぞれユニークな教育が実践されています。

　京都市内にあるフリー・スクール「わく星学校」もその一つです。創設者は，公立小学校で13年間，教師をした経験のある山下敬子さんです。原則として

6～18歳が対象で，朝から開かれている私塾とでもいうべきものです。通ってくる子どもたちのほとんどは，いわゆる"不登校児童"と呼ばれている子どもたちです。なかには普通の学校の「皆で一斉に同じことをやる」式の教育に違和感や疑問をもち，自ら選んだ積極派もいます。

最近では，不登校の子どもに対して，どうしてでも学校に通えといった指導はされなくなっています。学校だけがすべてではない，と考える親も増えてきたようです。しかし，「問題はそれで終わったわけではありません。学校に行かず，家に閉じこもる子どもをかかえた親の悩みは解消されていません。登校拒否の子どもにしても，家庭以外に自分の居場所がないというのはつらいことです。わく星学校は，そんな子どもや親のための"学びの場""大人も子どもも一緒に育ち合う場"でありたいと思っています」と，山下さんは語ります。

わく星学校にやってくる子どもたちのなかには，何ひとつやる気がおきない，何もおもしろくないという子どももいます。このような状態の子どもに対しては親とも手をとりあって，その子がどう感じるのか，何がしたいのかを問いながら，たっぷり時間をかけ自主性や自立性を一から模索していくということです。「普通の学校で，したくないこと，嫌なことを無理にしてきてヘトヘトになっている子がここに来ることが多いんです。そんな子は立ち直るためには何ヵ月もかかるでしょう。その間は無理して何かをしなくてもいいのです。ここが，そういう子の"場"としてあるだけでもいい。6年間ここをやっていてわかったのですが，いつまでも何もやりたくないと言い続けている子はいませんから」と語る山下さんの取り組みには，現行の学校や教育の至らなさを補っても余りあるものが見えてきます。

フリー・スクールとしては，このほかにも歴史の長い有名なものとしては，東京シューレや兵庫県にある生野学園（京口スコラ）などがあります。そうしたもの以外に，特異なもう一つの不登校支援の教育機関があります。1993年に兵庫県内に設立されたオルタナティブ・スクール（alternative school）としての，県立神出学園です。学園生のほとんどが不登校を経験しています。この学園は，学園生が寮生活をしながら，仲間やスタッフ等とのふれあい，さまざまな体験学習などを通して，自己理解を深め，人間関係の能力を高め，自主性・自立心を培うとともに，自己に適した進路を見つけ出していくよう支援す

るため，兵庫県が独自に設置した新しいタイプの学舎です。

　学園は，学園生が集団で生活していることから形態的には学校的な側面もありますが，心理的に重い課題をもつ青少年が生活しており，個別的な対応に重きが置かれています。さらに，学園は，一定の課程を履修して修了・卒業等の資格を与えるというものでもなく，体験学習や相談などさまざまな手立てによって，学園生が心身の元気を取り戻し，自発的に動き出すのを支援するもので，従来の学校とは基本的なスタンスを異にしています。

　"オルタナティブ"とは，従来の社会的基準に基づかない，型にはまらない新しい，という意味です。ここでは，臨床心理スタッフ等による心理的相談や心理療法的なケアーも受けられますが，相談機関等における機能の一部は有しているものの，児童相談所など福祉機関の持つ多様な機能はありません。学園では，思春期の多感な青少年が寮で継続的に集団生活をしており，個別的な対応にも若干の制約が伴うことはいなめませんが，可能な限りの学園生個々への対応が求められています。

　1998年秋の時点で，学園生の人数は74名，平均年齢は17歳と10代後半の不登校生徒が多く学んでいます。原則として在園期間は2年間とされていますが，途中でも退園することは可能です。現在，学園長は，武庫川女子大学の小林剛教授です。その他に，県下から派遣されている教員8名，臨床心理スタッフ4名，保健婦1名などが常駐しているとのことです。神出学園の「平成9年度後期プログラム」を参考のため掲載しておきます。

【参考資料】　神出学園　平成9年度　後期　プログラム（次頁の表6-1参照）

　（2）　ふれあい心の友（メンタルフレンド）　この事業は，「ふれあい心の友訪問援助事業」の名称で平成3年度に厚生省により事業化されたものです。児童相談所が子どもの兄や姉に相当する世代で，児童福祉に理解と関心のある大学生をメンタルフレンドとして登録し，ひきこもりが強く来所あるいは通所ができない不登校等の子どもの家庭に，児童相談所の相談援助活動の一環として定期的に派遣するものです。親が同意したり，申請すれば，家庭訪問したり，子どもと外出したり，児童相談所内で子どもと遊んだりするものです。原則的には子どもの学習の面倒をみないという点で，家庭教師ではないということです。もちろん，子どもがそれを求めればその限りではないわけです。要は，そ

第II部 教育と学校カウンセリング

表6-1 平成9年度 後期 プログラム　　　　　　H. 9. 10. 1

曜日		実施プログラム						
月	午前	仲間とのふれあいP			生きがい探索P（趣味等に関すること）			学力向上P
		お菓子作り	パソコン	工芸	モトクロス	芸術鑑賞	手芸	学習相談
	午後	生活創造活動P						
		料理	広報		園芸・動物飼育		野外施設創造	
火	午前	学園生集会						
		基礎学力P	進路基礎P		就職基礎P		学力向上P	
		英語・社会	進路に関する検査・面談等		書道		学習相談	
	午後	自然・人・社会とのふれあい体験P				基礎学力P	進路基礎	
		体験活動				英語 国語 社会	進路に関する検査・面談等	
	夜	サークル活動（空手・カラオケ・パソコン）						
水	午前	仲間とのふれあい体験P			学力向上P	生きがい探索P（職業等に関すること）		
		スポーツ	AP（カヌー）	音楽（ピアノ）	学習相談	会社，学校，施設訪問等		
	午後	生活創造活動P						
		料理	広報		園芸・動物飼育		野外施設創造	
	夜	サークル活動（カラオケ）						
木	午前	基礎学力・就職基礎		自然・人・社会とのふれあい体験P			学力向上P	
		国語・数学・英語 美術・作文		（福祉体験活動）			学習相談	
	午後	クラブ活動						
		陶芸	木工		華道	音楽		運動
金	午前	基礎学力			個別面談			
		国語・数学・英語・理科			主任専門指導員			
	午	清掃・週末の集い						
	後	学園生帰宅						

○ 入学後6ヶ月は 　　　　 のプログラムを選択する。

の子どもの対人接触の機会を保障して，行動への意欲を引き出し，社会への窓口を作ってやる援助活動ということになります。親には一切経費負担はなく，メンタルフレンドとなる大学生には，交通費程度の支給しかなく，いわば自発的ボランティアに近い社会福祉活動です。

（3） **通信制・単位制の高校**　　毎日の通学が困難な生徒のために，家庭で学習したものをレポートの形で提出させ，それを積み重ねることにより課程を履修したことと認める通信制の高校も設立されています。また，学校のクラスに入ることを拒否する生徒には，自主的に選択する科目の授業にだけ出席して必要な単位を取ればよいという単位制の高校もあります。特に，クラスに担任がいることになじめない生徒や，クラスでいじめに遭い，同級生と付き合いたくない生徒には，気持ちの上では比較的楽に臨める学校ということになります。

（4） **大学入学資格検定試験**　　登校を拒否したり，病気により，小学校，中学校，そして，高等学校にほとんど出席したことがなく，学校生活の経験が皆無に近い生徒でも，何らかの理由で学校嫌いとなり途中退学した生徒でも，大学に進む道が残されています。それが俗に"大検"といわれる大学進学へのいわばバイパス制度です。現在，受験希望者が年々増加しているようです。貧しさや家庭の事情で学校とは縁のなかった年配者も受験していますが，それ以上に高校までの学校経験に不満を覚えたり，不適応を示したり，自ら拒否して学校を去り，この制度に未来を託す人が増えていることに留意する必要があります。現今の学校という社会の息苦しさを物語る証拠かもしれません。事実，この"大検"を経て大学に入学してきた若者が生き生きとしてキャンパス・ライフを謳歌している姿を，私は今まで何回も目にしています。

2. い　じ　め

児童・生徒が不登校に陥る原因のなかできわめて多いものに学校でのいじめの被害があります。いじめられての自殺といったケースも小学生からすでにあり，中学生や高校生に至っては少なからぬ数に上っています。現代のいじめの特徴は非常に陰湿で執拗であるという点にあります。数人あるいはそれ以上の集団が，1人の児童・生徒を標的にして集中的にいやがらせや揶揄，悪口，無

視，物隠し，暴行，金品の恐喝などをするというものです。いじめに遭うとなかなか逃れることは難しく，親や教師に告げることもままならず，救いの手を望みながらも絶望的な日々を送ることになるようです。

　1996年4月から1年間，学習雑誌で「いじめ追放キャンペーン」を展開してきた学習研究社が，月刊の『中学一年コース』『中学二年コース』『中学三年コース』の3誌合同企画で集めた読者の声を報告書にまとめました（1997年6月）。その報告書「中学生8206人の『いじめ』のホンネ」をひもとくと，当初はいじめをなくす手がかりを探る企画だったようですが，見えてきたのは，いじめを正当化し，災いが自分に及ばぬよう身構えてあきらめる子どもたちの姿だった，という編集部のコメントで締めくくられています。

　報告されている中学生たちの回答のいくつかを紹介しましょう。

◎　いじめる子へ，「なぜいじめるの？」]：「性格が悪い子に悪口いったり，仲間はずれにしたり，きりがないほどやっている。いじめはおもしろい」（中3，女子）。「悪いところを指摘されても全然直らない。だからいじめっていうより，その人の行いに対する復讐とか制裁だと思ってる。それで人の性格が良くなるなら，本人のためにもいいんじゃない」（中2，女子）。

◎　見ている子へ，「なぜ助けないの？」」：「リーダー格の人に『あの子，無視ね』といわれたら逆らえない。逆らっていじめのターゲットになるのはいや」（中2，女子）。「人間関係のムカつきは人間相手に解消するのが一番。だからいじめはなくならない。自分の身を守れたらそれでOK」（中2，男子）。

◎　いじめられている子へ，「なぜ相談しないの？」」：「必ずオトナは『だれかに相談すればよかったのに』って言う。じゃあ，だれかってだれ。相談したら明日からいじめをなくしてくれるの」（中2，女子）。「小学5年からいじめが続いている。だからもう人間は信用しないことにした。『無表情，無関心，無関係』が一番いい」（中1，男子）。

　このように，いじめられる側の心の傷の深さと，いじめる側の罪悪感のなさが対照的であることに，この問題の深刻さがうかがえます。

　アンケートのその他の設問に対する回答にも懸念すべき結果が現われています。まず，「いじめられても仕方のない子がいるか？」の問いに対して，424人の回答の87％が「いる」と答えています。「人より目立つ子」や「ウジウジ

してはっきりしない子」がそれに当るようです。次に，「いじめをなくすことはできるか？」の問いに対して，400人の回答の51％が「できない」で，48％の「できる」を上回りました。そして，「いじめが起きたとき，先生は頼りになるか？」の問いに対して，400人の回答で，「なる」は21％で，「ならない」は36％という結果でした。

　いじめは人権侵害の犯罪といっても過言ではありません。理由はともあれ被害児童・生徒を守り，加害児童・生徒たちを含めてクラスの子ども全員に，断固として，いじめという悪意のある行為の非道性を教師は強調すべきでしょう。苦しんでいる子どもの最初の一言を真摯に受けとめ，「いじめはすぐにはなくならないかも知れないけれども，先生はあなたを絶対守るよ」と言ってもらえるだけで，子どもはどんなに救われることかと思います。孤立無援ではなく，ちゃんと味方がいるのだという保証をしっかりと被害児童に伝えるべきだと思います。

3. 非　　　行

1. 非　行　と　は

　非行は，広義にはその社会で非道徳的・反社会的とみなされる行為すべてを指しますが，一般には成人が法に反する行為をした場合に犯罪という用語を使い，未成年者が同様の行為をした場合に非行（delinquency）という用語を使用します。

　わが国の少年法（1948年）では，20歳未満の者を少年と呼び，
① 　14歳以上で罪を犯した少年を「犯罪少年」，
② 　14歳未満で，刑罰法令に触れる行為があった少年を「触法少年」，
③ 　当人の性格または環境に照らし，将来，罪を犯し，または刑罰法令に触れる行為をするおそれのある少年を「虞犯(ぐはん)少年」，
として分類し，行政的にはこれらを総称して「非行少年」と呼びます。

　児童・生徒が，いわゆる非行を犯す背景や動機はさまざまですが，結論的に言いますと，育った家庭と学校にその温床があると考えられます。特に，幼少期からの親の関わり方により，ある種の性格が形作られ，それがその後の親の

対応の仕方により強められ，学校生活のなかで何らかの誘因があると行動化し，常習化してゆくようです。

　今日，貧しさゆえの生活のための非行というのは死語になっていると言っても過言ではないでしょう。俗にいう「遊び型」の非行が主流となり，私欲のための物欲満たし，憂さ晴らし，鬱憤晴らし，弱い者いじめ，大人社会への挑戦，といった様相を呈しています。触法行為としての，飲酒，喫煙，万引き，自転車・バイク盗み，などがあり，老人や女性を狙ったひったくり，成人の男性を襲う"おやじ狩り"，恐喝，暴走族による共同危険行為，シンナーや覚醒剤常用，凶器所持，"援助交際"という名の売春行為，などとエスカレートして反復した行為に陥ってゆきます。最近ではすでに大人の犯罪に引けを取らない程度のものまであり，"少年犯罪の凶悪化"が憂慮されています（鳥山，1999）。

2. 非行の事例

　最近の中学生が犯した非行事件としては，ナイフを用いた殺人といった凶悪なケースが相継ぎ世間を驚かせています。耳目に新しいものとして，神戸市の中学生が犯した小学生連続殺人といった猟奇的なものや，栃木県黒磯市の中学校であった女性教師殺害などがあります。いずれもそれらの事件前に，少年たちのある種の性向は把握されていたものの，まさかこれほどまでに行動化されるとは誰にも予測がつかなかったという意外性があります。

　中学生の年代は，いわゆる思春期という心身ともに不安定で妄動しやすい危機的な状況におかれているといえます。体はおとなに近づいている一方で，心はまだまだ未成熟でコントロールがままならない状態なのです。

　私が1996年から今日までに，スクールカウンセラーとして訪れた奈良県内の中学校では，次のような非行の事例がありました。

　（1）　A：中学2年生女子　　幼少期より父から体罰を受けたこともあり，思春期となり反抗心が強まり，親の注意はまったく受けつけなくなった。学校や家庭での学習には見向きもしない。中学1年生の時に，テレフォンクラブで知り合った男性と次から次へと親しくなり性交渉をもった。いわゆる，援助交際に自ら積極的となり，級友をも誘う挙に出た時点で補導され，半年間県内の自立支援施設（教護院）に収容された。中学2年生となり更生を誓ったが，ま

た同じ行為を繰り返すおそれがあったため，母親が車で登校と下校の送り迎えをしている。現在でも級友の女子1人がまねをしたくて本生徒を逆に誘惑するので，親も担任も目が離せない。

（2）**B：中学3年生男子**　幼少期に父母離婚。しかし，家には母親が連れ込んだ素性の知れない中年の男性がいる。家には居難いので，放任状態の友人の部屋に居座ったり，夜中まで市内をぶらぶらしたり，他人のバイクを盗んで近郊を乗り回し，夜半に帰宅する。そのバイクの窃盗で警察に捕まり，やはり，自立支援施設に収容された。3ヵ月で復学したが，卒業目前で行方不明となり，母親や担任には一切連絡がないまま，卒業式にも顔を見せなかった。どうやら県内の遠くの知り合いのところに居候をしていたようであるが，またバイク盗みで捕まり，再度施設送りとなった。頭の毛は茶髪や金髪に染め，眉毛をすっきりときれいに剃りそろえている。こうしないと女子にもてないのだと言う。直接話をすれば，素直で優しい生徒である。

（3）**C：中学1年生男子**　暴力団員の父親と水商売の母親との間に長男として生まれ，下に妹がいる。四国の某県で暮らしていたが，父親の暴力に耐えかねて，母親と子ども2人で逃亡し，母方の祖母の家の近くにアパートを借りて住んでいる。母親は夜の仕事で遅く帰り昼頃まで寝ている。祖母が朝，子どもたちの世話をして学校へ送り出す。本生徒は，小学校の高学年から粗暴さが目立ち，体格もよく声も大きくて，上級生も服従させていた。父親が暴力団員であることを傘に着て，それをおどしの文句にして，上級生からも金品をまきあげた。小学生にして，バイクを盗み，暴走族に加わり，低学年の妹を後ろに乗せて，毎夜市内を走り回っていた。小学校6年生の時から中学生になっても自立支援施設に収容されたままである。

（4）**D：中学3年生男子**　両親は小学生の時に離婚。父親はその後再婚し，若い継母と異母の妹，そして，高校生の実の姉が同居している。母親は関東にいるらしく，時々姉と一緒に訪ねたりしている。継母も一生懸命面倒をみてくれるが，生まれたばかりの赤ん坊がいるのでこちらも遠慮してしまう。勉強が嫌いで遊びまわっている。悪い仲間と深夜徘徊，JRの駅構内で夜を過ごすことが多い。父親はすぐに手をあげて殴って来る。しかし，この前逆に殴り返したところ，父親の方がのびてしまった。家を飛び出し，仲間とバイクを盗

んで走り回っていたところ，転倒しあちこち打撲傷や擦り傷を負った。学校の保健室で傷の手当てをしてもらった。児童相談所から親に呼び出しがかかっている。父親は砂利運搬車の手配業をしており，その下働きとして助手をやれと言うが，自分はむしろ引越し請け負い業のトラックの助手席ならば座ってもいいと思っている。

（5） E：中学 2 年生女子　　母子家庭で，母親は水商売。母親が夜遅く帰って来ても，本生徒はまだ帰宅していないことが多く，母親に諌められた。遊び回っていて，ゲームセンターで卒業した先輩にナンパされ，そのかっこいい車に乗せてもらいドライブをして性交渉ももった。母親に意見されたが，自分だっていい加減な男性関係があるのに，子どもに偉そうなことを言う資格はないと言い返した。その後も先輩は学校に車を乗り入れてまで迎えに来たり，家に上がり込んだりして，母親のいない時はもう夫婦気取りである。髪を染め，ピアスをして，派手な服を着ている。

　以上の例からもわかるように，中学生の非行の背景にはほとんどすべてといっていいほど家庭の病理があり，特に親子関係上のきしみが色濃く露呈されています。親との間に基本的信頼感が欠如しており，体罰があったり，欠損家庭であったり，家庭のなかに居場所がないところから外にはじき出されている図がうかがえます。大人社会への不信感から，彼らは教師や親に反発し，校則を破り法律に違反してゆくのです。そして，激しくいじけた愛情欲求の表明として，いわば注意喚起行動としての，また，心の空白や飢餓の解消のために盗みやとどまることのない乱れた性非行を繰り返すのでしょう。大抵の場合，彼らはもはや学業における評価からは縁のない存在となっており，将来への着実な展望などもてない状況になっています。学業で認められることのない彼らであってみれば，目立つかっこうをして，背伸びして大人びたポーズをとり，大人のまねをして刹那的に自己をアッピールするしかないのでしょう。その内面の隙間と荒れを受け止めて，彼らを理解し，今一度学びのレールにもどしてやるのは容易なことではありません。しかし，やはりまだ未成年で心寂しい心情の彼らに寄り添い，カウンセリング・マインドの豊かな理解者が辛抱強く話し相手になるならば，彼らも心を開いてくれることでしょう。要は，彼らの非を責

めるのではなく，彼らの情を温め育ててやることなのです．親に代わる親的な代理者にしっかりと保護されるならば，傷ついた思春期のやり直しも可能であり，青春の復活も決して望めないことではないのです．

〈参考文献〉

平石賢二　1998　学校臨床の立場からみた思春期危機―不登校児童・生徒にみられるタテ関係からヨコ関係への発達における挫折―　シンポジウム：現代青年の人間関係―思春期の危機―　日本青年心理学会第6回大会発表論文集　関西大学　Pp. 16-17.

池田豊應（編）　1997　不登校―その多様な支援　大日本図書

伊藤美奈子　1998　A子の事例から見たある思春期女子の危機　シンポジウム：現代青年の人間関係―思春期の危機―　日本青年心理学会第6回大会発表論文集　関西大学　Pp. 18-19.

奈良県中央児童相談所・奈良県高田児童相談所　1999　平成10年度メンタル・フレンド事業報告書

鳥山平三　1999　基調講演　子ごころにピント合わせる教えとは　平成10年度第9回不登校シンポジウムの記録　奈良県立教育研究所　Pp. 3-12.

鳥山平三　1999　適応と指導　杉田千鶴子（編）　改訂 教育心理学　佛教大学通信教育部　Pp. 164-203.

あとがき

　本書『現代とカウンセリング―家庭と学校の臨床心理学―』は，第Ⅰ部「養育と療育カウンセリング」と第Ⅱ部「教育と学校カウンセリング」から成り立っています。「養育」「療育」「教育」という言葉が示しますように，いずれも「育てる」ことについて取り上げ，とりわけその営為の非常に困難な現代における実情を踏まえて，課題の把握と対処のしかたを提案してみました。

　第Ⅰ部「養育と療育カウンセリング」では，まず，子どもの心の発達の道筋を述べ，乳幼児のそれぞれの段階の獲得機能は何かを理解してもらうことにしました。そして，次に，親として子どもの出す信号を如何に捉え，如何に働きかければよいかを幾つかヒントになるような事柄を文章にして挙げてみました。特に，子どもに原因はいろいろですが発達の遅れや障害の傾向があると，親のかかわり方は非常に難しくなります。その場合，早期発見と早期療育が必要となります。

　そこで，第Ⅰ部の第3章と第4章は，わたしがもう15年にわたって発達指導講師として療育を手伝っている大阪府高槻市にあります教育委員会主宰の「うの花養護幼稚園」で毎年刊行されている，園児の父母たちの『うの花文集』と年報である『うの花の実践記録』に寄せた原稿を，1993年から1999年までの分を発表順に再録しました。少しでも多くの困っている父母たちや保育・療育の先生方に読んでもらいたいからです。第3章は非常にやさしく書かれていますので，発達に遅れのある子どもをもつ親たちに読んでもらえればと思います。そして，第4章はやや専門的で難解な内容ですので療育担当の先生方や発達臨床心理学を学ぶ人たちの参考にしてもらえればうれしく思います。発達障害児をめぐる最新の話題や情報をいち早く捉え，さまざまな考え方と対処のしかたを挙げてみました。最後に，現代の家庭や家族の病理や危うさはどこからくるのか，その起因を知り，その治療技法にはどういうものがあるのかを，特に欧米で飛躍的に波及しているシステムズ・アプローチによる家族療法

の視点から論じてみました。

　第Ⅱ部「教育と学校カウンセリング」では，今日の子どもたちの心を如何に捉え如何に理解すればよいかを，スクール・カウンセリングの経験から考えたものです。学校の諸制度を統括し，いろいろと上から管理運営の指導に当たっている文部省が，全国の各所で頻発している教育病理現象に困窮し，教師たちの対応や解決への努力に効果なしと断じて，業を煮やした結果，別種の専門家を火消し役として派遣するといった泥縄式の事業が「スクール・カウンセラー活用調査研究委託事業」です。それと時を同じくして臨床心理学の専門家認定資格として発足した「日本臨床心理士資格」制度です。それを文部省が公認資格とし，その資格取得者が急増する勢いに鑑み，いわば仕事をあてがう形で，年々都道府県の派遣校を増やしていっているのです。確かに困っている学校は数限りなくあり，もう藁にもすがりたい思いの窮状を呈する学校もあります。しかし，だからといっておいそれと，その学校やクラスの事情やそれまでのいきさつに通じない外部の第三者に委ねるのも憚られることではないでしょうか。わたしも大学教授という立場から委嘱された手前，心理臨床家として協力するのにやぶさかではありませんので，現在まで3つの中学校に派遣されてお邪魔をしていますが，何とも釈然としない居心地の悪さを感じています。

　不登校児童・生徒の激増や，学校や教師の指導に応じない生徒の発生は，現在までの学校という存在の限界を世に知らしめているのではないでしょうか。多くの識者や教育評論家が述べているように，学校が「世紀末」を迎えているのです。学校が「新世紀」を迎えるにはどうすればよいか，解答は容易ではありません。場当たり的な学校臨床，スクール・カウンセリングだけでは間に合わないでしょう。子どもたちに学ぶ手応えと未来を実感させられるような，社会に生きる臨場感を与えられるような，迫力のある学校がこれからの希望です。

　第5章では，学校で学ぶ子どもたちは今どのような生き様を呈しているのかを解説しました。親や教師たちはまず心を子どもの背丈に合わせて，丁寧にわかってやろうとする姿勢が何よりも大切でしょう。わかろうとしてくれる大人にはきっと子どもたちは心を開いてくるでしょう。

　第6章では，わたしが訪問している中学校などで知り得た実例を通して，その生徒の問題の背景と推移を検討してみました。そのなかで，現代の学校や家

庭のかかえている病理のいわば犠牲者といってもよい生徒たちに，周囲はどのように接すればよいか，どのように守ってやればよいか，についていくつかの考案を示しました。

　本書は，天理大学出版助成の栄を受けて刊行することができました。ここに至るまでの御配慮等々，関係者の皆様には心から御礼申し上げる次第です。
　また，所収致しました第Ⅰ部の第3章，第4章につきましては，貴重な経験と思索の機会を与えて下さった高槻市立うの花養護幼稚園の池田元園長，平井前園長，松本園長，そして，とりわけ宮本一郎副園長と教師・職員の皆様には大変お世話になりました。記して感謝申し上げます。そして，第Ⅱ部につきましては，スクール・カウンセラーとしてそれぞれ2年間訪問しました，天理市立西中学校の西原元校長，中谷教頭と瀬井先生，同北中学校の胎中校長と九鬼先生，そのほか両校の教師・職員の皆様にもひとかたならぬお世話になりました。重ねて御礼申し上げます。
　最後になりましたが，本書の出版を快くお引き受け下さったナカニシヤ出版の中西健夫社長はじめ，懇切丁寧な編集作業をして下さった編集長の宍倉由高さん，そして，編集部の皆々様には，本当にお世話になりました。御礼申し上げます。

2000年2月12日
著　者

索　　引

人名索引

あ行

アインシュタイン，アルバート（Albert Einstein）　95
アドラー，アルフレート（Alfred Adler）　95
阿難　26
イリングワース（Illingworth, R. S.）　94
イリングワース（Illingworth, C. M.）　94
岩元　綾　39
ウイリアムズ（Williams, D.）　93
ウイング（Wing, L.）　79
エリクソン（Erikson, E. H.）　3
大江健三郎　24, 29, 31
大江　光　24, 29, 31, 40
オルソン（Olson, D. H.）　130

か行

カナー（Kanner, L.）　82, 85
クレペリン（Kraepelin, E.）　46
ゲート（Gaedt, Ch.）　88
ゲゼル（Gesell, A. L.）　103
ゴードン（Gordon, T.）　132
ゴールトン（Galton, F.）　103

さ行

ジーグラー（Zigler, E.）　68
司馬理英子　123
ジャクソン（Jackson, D. D.）　137
スキナー（Skinner, B. F.）　50
園原太郎　4

た行

ダウン（Down, J. L.）　101
詫摩武俊　126
ドイル，コナン（Arthur Conan Doyle）　95
ドーセン（Dosen, A.）　85, 87
ドミトリーヴ（Dmitriev, V.）　105

は行

パーソンズ（Parsons, T.）　128
ハイスラー，ベルダ（Verda Heisler）　55
ハヴィガースト（Havighurst, R. J.）　5
ピアジェ（Piaget, J.）　103
ビーヴァーズ（Beavers, W.）　129
ヒルガード（Hilgard, E. R.）　55
フォンベルタランフィ（von Bertalanffy, L.）　135
フランクリン，ベンジャミン（Benjamin Franklin）　95
ブルーナー（Bruner, J. S.）　103
フロイト（Freud, S.）　134
フロム-ライヒマン（From-Reichmann, F.）　135
ボウルビー（Bowlby, J.）　4, 88
ボーエン（Bowen, M.）　135

ま行

マーラー（Mahler, M.）　88
ミニューチン（Minuchin, S.）　136
モンテッソーリ（Montessori, M.）　105

ら行

ラター（Rutter, M.）　85, 90
ラバーテ（L'Abate, L.）　131

わ行

渡辺久子　138

事項索引

あ行

ICD-10（疾病分類）　70,86
愛着行動　4
あけぼの学園　14
「遊び型」の非行　166
アナログ育児　13
「アルカリ性」育児　17,22
アルコール依存症　137
暗号　12
安全基地（secure base）　4,151
アンパンマン　34
生野学園（京ロスコラ）　160
いじめ　163
一過性幼児自閉症　73
一般システム理論（General System Theory：GST）　135
うの花養護幼稚園　14,33,43
AFP 検査　99
AC（Adult Children、アダルト・チルドレン）　147
LD 児　120
エンカウンター・グループ　131
円環的因果律　136
円形周辺モデル　130
オカアサンダイスキ　20
オカアサンハヤスメ　18
オトーサントナカヨク　20
オペラント行動　50,52
オペラント条件づけ法　52
親業訓練　132
　──講座　132
オルタナティブ・スクール（alternative school）　160
折れ線型自閉症　74

か行

介護人派遣制度（ホームヘルプサービス）　61-62
開発主義（Productionism）教育　149
回避性人格障害　147
解離性人格障害　147
カウチポテト症候群　19
核家族　127
学習（learning）　3,50
　──障害（Learing Disabilities：LD）　93,118
過剰修正法　52
家族
　──介護機能　127
　──機能（family functions）　126
　──啓発プログラム　132
　──システムの健康度　129
　──システム理論（ボーエン理論、Bowen Theory）　135
　──心理学　126
　──神話　129
　──投射過程　135
　──ホメオスタシス　133
　──臨床（clinical approaches applied to families）　131
家族療法
　構造的──　136
　合同──　137
家族療法理論
　構造的──　136
　システミック──　136
　戦略的──　136
学級崩壊　21,144
学校恐怖症　151
学校人間　143
家庭内暴力　137
家庭の病理　168
家庭訪問式プログラム（Home-based program）　105
過保護　60
カルシウム分　21
感覚訓練　105
感覚統合療法　85,90
還元主義（Reductionism）　148
患者とされた者（IP：identified patient）　133
感受性訓練　131

神出（かんで）学園　160
危機介入（crisis intervention）　131
基本的信頼感　3,168
基本的生活習慣　5
Knick 群　74
QOL　67
教化　149
強制　60
強迫行動　46
「キレる」子ども　21
虞犯（ぐはん）少年　165
傾聴　28
ゲシュタルト療法　131
欠損家庭　168
言語／認知障害仮説　85,90
行為障害　117
高機能自閉症（high functioning autism）児　81
合計特殊出生率　127
攻撃行動　45-46,48-49
攻撃的・他害的行動　47
高校
　　単位制の――　163
　　通信制の――　163
構造的家族療法（Structural Family Therapy）　136
　　――理論　136
合同家族療法（Conjoint Family Therapy）　137
行動修正療法　89
行動分析　46,50,52
　　――技法　52
行動療法　85,90
広汎性発達障害　70
交流分析　131
国際家族年　54
こぐま園　14
心の停泊点　4
子育て　心得　三箇条　16
子育ての方程式　30
ことばの遅れ　12
子どもの城療育園　109
孤立（isolated）型　80
孤立児　3

混合式プログラム（Combination program）　105

さ行

三角関係　135
「酸性」育児　17,22
「散文的な」学校　158
自己愛性人格障害　147
自己分化度　135
自己有能感　120
自傷行為（行動）　45-48,51
システミック家族療法理論　136
疾病分類 ICD-10　70,86
失望体験（disillusionment）　138
「詩的な」学校　159
自閉症
　　――の偽陽性例　71
　　――の診断基準　72
　　――の time slip 現象　93
　　――の知覚変容現象　93
　　一過性幼児――　73
　　折れ線型――　74
　　高機能――（high functioning autism）児　81
　　早期幼児――　85
自閉性障害　14
　　――児（者）　46-47
社会化　5
周産期障害　3
集団カウンセリング　55
集団療法　55
出産周生期障害　3
出生前診断　99
受動（passive）型　80
障害受容（acceptance of disability）　57,63,139
障害認知　63
情緒障害学級　95
常同行動　46,49,52-53
衝動的行為　46
少年犯罪の凶悪化　166
少年法（1948 年）　165
勝利の方程式　30
触法少年　165

索引

自立支援施設（教護院）　166
人格障害
　回避性——　147
　解離性——　147
　自己愛性——　147
　反社会性——　147
神経細胞　3
神経伝達物質エンドルフィン　47
人権侵害の犯罪　165
心身障害児早期教育プログラム（HCEEP）　104
心理劇　131
心理療法　85,90
随伴練習法　52
スクールカウンセラー活用調査研究委託事業　154
スクール・カウンセリング事業　154
すくすく教室　14
STEP（Systematic Training for Effective Parenting）　131
生活習慣病　18,20
世紀末の現象　42
成功する子　99
精神発達遅滞　14
　——児（者）　46
成人病　18
精神分裂病　134
『精神分裂病をつくる母』　135
精神療法　85
生理的早産児　3
セーラームーン　34
世界保健機関（WHO）　70,86
積極的しかし奇異（active but odd）型　79
SEP（Structured Enrichment Programs）　132
染色体異常　101
センター来所式プログラム（Center-based program）　105
先天性疾患　3
戦略的家族療法理論　136
早期対応　103
早期幼児自閉症　85
早発性痴呆　46

ソーシャルキュー（社会的手がかり）　120
ソーシャルスキル　120
　——・トレーニング（Social Skill Trainig, 社会生活技能訓練）　95
祖父の伝記　28
『祖父母の伝記』　38
『祖母の伝記』　27

た行

第一反抗期　7-8
大検　163
タイムアウト法　51
ダウン症候群（ダウン症）　14,39-40,63,99
多世代伝達過程　135
脱施設化　67
タテ関係　154
多動性障害　73
多動性症候群　14
WHO（世界保健機関）　70,86
単位制の高校　163
注意喚起行動　53,168
注意欠陥多動性障害（ADHD：Attention-Deficit Hyperactivity Disorder）　114
注意転導性　93
超早期対応　104
聴聞　26
直線的因果律　136
通信制の高校　163
DSM-IV　70
低出生体重児　125
低体重出産　125
デジタル育児　13
てんかん　75
転座型　101
纏綿（てんめん）状態（enmeshment）　136
東京シューレ　160
登校拒否（school refusal）　152
トゥレット障害　114
特異的発達障害　73
特殊学級　65
トリソミー型　101

トリプルマーカー検査　99
泥ん子　36-37

な行

日本ダウン症ネットワーク（JDSN）委員会　112
如是我聞（にょぜがもん）　28
認知療法　90
脳性マヒ　58
ノーマライゼーション　34,67
『のび太・ジャイアン症候群』　123

は行

発達課題　5,8
発達共生的心理療法　97
発達障害　86
　——児　45,47,52
発達段階　5
発達的悪循環　95
発達力動的関係療法　88
罰の子育て　13
パニック　78
ハハキトク　18
ハロペリドール（haloperidol）　77
犯罪少年　165
反社会性人格障害（精神病質）　147
反社会的人格障害　117
阪神・淡路大震災　32,42
ハンスの症例　134
否虐待児　13
微細脳機能障害（MBD：Minimal Brain Dysfunction）　114
微細脳機能不全症候群（Minimal Brain Dysfuncton Syndrome）　94
微細脳損傷症候群（Minimal Brain Damage Syndrome, MBD）　93
人見知り　4,12
ひなたぼっ子　37
非ユーリカ型　146
ピント　43
普通学級　65
不登校　151
フリー・スクール（free school）　159
ふれあい心の友訪問援助事業　161

分裂病三代説　135
米国立保健研究所（NIH）　100
PET（Parent Effectiveness Training）　132
ヘッドスタート計画　104
ペットボトル症候群　19
崩壊性障害　76
崩壊精神病　76
ホームヘルプサービス　62
母子退行治療の試み　138
母体血清マーカー検査　112

ま行

マニュアル世代　12
「ムカつく」子ども　21
めばえ教室　13-14
メンタルフレンド　161
蒙古症（モンゴリズム）　101
モザイク型　101

や行

野生児　3
ヤングママ子育て相談　13
ゆうあいセンター　13
遊戯療法　89-90
優生学　100
優等生（よい子）の息切れ型　152
ユーリカ型　146
遊離状態（disengagement）　136
雪ん子　35-37
ユング派心理療法家　56
よい子　147
『八日目』　112
幼児虐待　7,124
羊水検査　99
ヨコ関係　154
世の光　25

ら行

離婚件数　127
了解の方程式　31
『レインマン』　113
ロールプレイング療法　89

わ行
渡る世間は，鬼ばかり　32

著者略歴

鳥山　平三（トリヤマ　ヘイゾウ）

1941年生まれ
1965年　京都大学文学部哲学科卒業
1970年　京都大学大学院博士課程（心理学専攻）単位取得満期退学
現在，大阪樟蔭女子大学人間科学部心理学科
同 大学院人間科学研究科臨床心理学専攻　教授
主要著書
『育てあい：発達共生論』（単著）
『青年期からの自己実現』（共著）
『人間知―心の科学』（共著）
　以上，いずれもナカニシヤ出版より刊行．

現代とカウンセリング
家庭と学校の臨床心理学

2000年 3 月20日　初版第 1 刷発行　　定価はカヴァーに
2006年 4 月20日　初版第 2 刷発行　　表示してあります

　　　　　著　者　鳥山　平三
　　　　　発行者　中西　健夫
　　　　　発行所　株式会社ナカニシヤ出版
　　　　606-8161　京都市左京区一乗寺木ノ本町15番地
　　　　　　telephone　075-723-0111
　　　　　　facsimile　075-723-0095
　　　　　　郵便振替　01030-0-13128
　　　　　　URL　　　http://www.nakanishiya.co.jp/
　　　　　　e-mail　　iihon-ippai@nakanishiya.co.jp

印刷・創栄図書印刷／製本・藤沢製本

Copyright © 2000 by H. Toriyama
Printed in Japan
ISBN 4-88848-565-8 C0011